U0556605

中国式现代化的鲜明特色研究系列

总主编　张东刚　林尚立

物质文明和精神文明相协调的
中国式现代化

张智　编著

中国人民大学出版社
·北京·

总　序

概括提出并深入阐述中国式现代化理论，是党的二十大的一个重大理论创新，是科学社会主义的最新重大成果，也是对世界现代化理论和实践的重大创新。党的二十大报告明确概括了中国式现代化五大方面的中国特色，深刻揭示了中国式现代化的科学内涵，是中国式现代化理论的基础组成部分。这既是理论概括，也是实践要求，为全面建成社会主义现代化强国、实现中华民族伟大复兴指明了一条康庄大道。

选择什么样的现代化道路、怎样选择现代化道路，是世界各国人民在谋求现代化时必须首先回答的基本问题。对这个基本问题的回答，首先要把握好现代化的基本方向。能否选择正确的方向，对一个国家的现代化事业的发展成效乃至成败，起着决定性作用。只有方向搞对了，目标任务、政策举措才能对头，发展行动才能对路。以人口规模巨大、全体人民共同富裕、物质文明和精神文明相协调、人与自然和谐共生、走和平发展道路为突出特色的中国式现代化，是中国人民在探索现代世界发展进程中形成的对这一基本问题的根本回答。这个铿锵有力的回答是中国共产党在深刻总结国内外现代化发展的经验教训、深入分析国内外现代化发展大势的基础上提出来的，集中反映了我国社会主义现代化的发展思路、发展方向、发展着力点，蕴含着博大精深的道理学理哲理。

具有五大方面特色的中国式现代化，根源于中国共产党的百年奋斗历程，根源于中国共产党领导的独特作用。中国人民之所以能够扭转近代以来的历史命运，探索出中国式现代化道路，最根本上是因为有党的领导。中国共产党领导的社会主义现代化，是对中国式现代化的定性，是管总、管根本的，决定着每个特色的性质和内涵。中国共产党在新民主主义革命时期为实现现代化创造了根本社会条件，在新中国成立后为现代化建设奠定了根本政治前提并提供了宝贵经验、理论准备、物质基础，在改革开放和社会主义现代化建设新时期为中国式现代化提供了充满新的活力的体制保证和快速发展的物质条件。党的十八大以来，我们党在已有基础上继续前进，不断实现理论和实践上的创新突破，成功推进和拓展了中国式现代化，为中国式现代化提供了更为完善的制度保证、更为坚实的物质基础、更为主动的精神力量。中国式现代化的内涵，随着历史的演进，不断地发展、不断地丰富。正是在不断总结历史经验的过程中，中国式现代化五大方面的特色逐步上升为规律性认识、凝练成时代内涵，蕴含着深刻的历史逻辑、理论逻辑和实践逻辑。

中国式现代化在遵循现代化一般规律和兼具各国现代化

共同特征的基础上，以一个个鲜明的中国特色，击破了“现代化＝西方化”的迷思，实现了对西方式现代化理论和实践的超越。这五大方面的中国特色，在根本上展现了我们在两极分化还是共同富裕的现代化，物质至上还是物质精神协调发展的现代化，竭泽而渔还是人与自然和谐共生的现代化，零和博弈还是合作共赢的现代化，照抄照搬别国模式还是立足自身国情自主发展的现代化方面的科学选择；在系统上解答了一个国家怎样根据其历史传统、社会制度、发展条件、外部环境等诸多因素选择现代化道路这一重大问题。这五大方面的中国特色，立足经济持续健康发展、制度完善和体制机制变革、文明传承、工业化、全球化等重要方面，精准阐明了世界现代化一般规律和社会主义现代化普遍规律的丰富内容，深刻认识了社会主义现代化国家建设的一系列重大理论和实践问题；不仅回答了如何解决中国现代化的问题，还回答了如何解决世界现代化的实践难题。

人口规模巨大，这是中国式现代化的显著特征。人口规模不同，现代化的任务就不同，其艰巨性、复杂性就不同，发展途径和推进方式也必然具有自己的特点。现在，全球进入现代化的国家也就 20 多个，总人口 10 亿左右。中国 14 亿多人口整体迈入现代化，规模超过现有发达国家人口的总和，将极大地改变现代化的世界版图。这是人类历史上规模最大的现代化，也是难度最大的现代化，将用实践进一步证明如何统筹解决超大规模人口的吃饭、就业、分配、教育、医疗、住房、养老、托幼等一系列现代社会的问题。

全体人民共同富裕，这是中国式现代化的本质特征，也是区别于西方现代化的显著标志。西方现代化的最大弊端，就是以资本为中心而不是以人民为中心，追求资本利益最大化而不是服务绝大多数人的利益，导致贫富差距大、两极分化严重。一些发展中国家在现代化过程中掉进“中等收入陷阱”，一个重要原因就是没有解决好两极分化等问题。中国式现代化促进全体人民共同富裕的一整套思想理念、制度安排、政策举措，使我国亿万农村人口整体摆脱贫困，创造了减贫治理的中国样本。实现共同富裕是一个长期任务，不断取得的新进展将为如何解决贫富分化、“中等收入陷阱”等世界现代化难题提供中国方案。

物质文明和精神文明相协调，即既要物质富足也要精神富有，这是中国式现代化的崇高追求。在西方现代化过程中，一边是财富的积累，一边是信仰缺失、物欲横流。今天，西方国家日渐陷入困境，一个重要原因就是无法遏制资本贪婪的本性，无法解决物质主义膨胀、精神贫乏等痼疾。坚持协同促进物的全面丰富和人的全面发展的中国式现代化，不仅致力于实现物质财富极大丰富、精神财富极大丰富、思想文化自信自强的社会主义现代化，也为如何解决物质现代化和精神现代化不协调的世界性问题贡献了中国智慧。

人与自然和谐共生，即尊重自然、顺应自然、保护自然，促进人与自然和谐共生，这是中国式现代化的鲜明特点。近代以来，西方国家的现代化大都经历了对自然资源肆意掠夺、对生态环境恶性破坏的阶段，在创造巨大物质财富的同时，往往造成环境污染、资源枯竭等严重问题。生态兴则文明兴、人与自然和谐共生、绿水青山就是金山银山、良好生态环境是最普惠的民生福祉、山水林田湖草沙是生命共同体、共谋全球生态文明建设等新理念新思想新战略，为解决世界现代化进程中如何既要经济发展也要环境保护的难题指明了科学道路。

走和平发展道路，即坚持和平发展，既在坚定维护世界和平与发展中谋求自身发展，又以自身发展更好维护世界和平与发展，推动构建人类命运共同体，这是中国式现代化的突出特征。西方国家的现代化，充满战争、殖民、掠夺等血腥罪恶，给广大发展中国家带来深重苦难。中华民族经历了西方列强侵略、凌辱的悲惨历史，深知和平的宝贵，决不重走西方国家实现现代化的老路。中国式现代化坚持独立自主、自力更生，依靠全体人民的辛勤劳动和创新创造发展壮大自己，通过激发内生动力与和平利用外部资源相结合的方式来实现国家发展，不以任何形式压迫其他民族、掠夺他国资源财富，而是为广大发展中国家提供力所能及的支持和帮助，着力破解人类现代化零和博弈的历史困局。

推进中国式现代化是一项长期任务，还有许多未知领域有待探索。要把中国式现代化五大方面的中国特色变为成功实践，把鲜明特色变成独特优势，需要付出艰苦的努力，需要矢志不渝地开展长期的实践探索、理论探索，需要完整把握、准确理解、全面认识中国式现代化的中国特色。只有既能够从总体上回答现代化的基本问题、明晰现代化的历史进程和发展趋势、阐明中国式现代化的世界观和方法论，又能够从细节上厘清关于现代化内涵的各种看法、讲清楚中国式现代化与西方现代化相比所具有的特色和优势、深挖中国式现代化五大特色蕴含的道理学理哲理，才能够学懂弄通做实中国式现代化理论体系的基本原理，为不断拓展中国式现代化的广度和深度提供坚实的理论支撑。

为深入贯彻党的二十大精神，深入贯彻习近平总书记考察调研中国人民大学时重要讲话精神和习近平总书记关于中国式现代化的重要论述，中国人民大学在谋划出版“中国式现代化研究丛书”的基础上，认真组织青年学者撰写了本套丛书。丛书以中国式现代化的五大特色为主题，以学懂弄通中国式现代化五大特色的历史逻辑、理论逻辑、实践逻辑为主线，以延展逻辑进路、拓展理论深度、形成自主知识体系为目标，让中国式现代化五大特色的问题导向、理论智慧、实践效能在相互独立而又内在联系的各卷书中系统地呈现，回应人民在现代化理论和实践上的多方面诉求和需要。希望丛书能够带动更多的青年学者关注中国式现代化、研究中国式现代化、用脚步丈量中国式现代化道路，切实把成果写在中国大地上，为实现中华民族伟大复兴贡献新的更大力量。

是为序。

校党委书记 张东刚 校长 林尚立

2023 年 11 月

目　录

| 第一章 |

现代化与人类文明

在人类发展史上，文明是人类走出野蛮时期之后物质财富和精神境界都达到一定程度的表述语，是人类文化和社会发展的高级阶段。文明程度是人类开化和社会进步的标尺，人类社会史就是一部人类文明史。在人类漫长的历史发展过程中，每个民族、每个国家都在创造着自己的文明。作为人类智慧的结晶，“每一个国家和民族的文明都扎根于本国本民族的土壤之中，都有自己的本色、长处、优点”[①]。从世界文明多样性的角度观察，文明是包含特定基因的物质和精神文化综合体。“文明如水，润物无声。历史的发展、社会的繁盛、人类的进步，都离不开文明的滋养和引领。”[②]人类社会经历了

① 习近平．在纪念孔子诞辰 2 565 周年国际学术研讨会暨国际儒学联合会第五届会员大会开幕会上的讲话 [M]．北京：人民出版社，2014：8．

② 习近平和彭丽媛欢迎出席亚洲文明对话大会的外方领导人夫妇及嘉宾 [N]．人民日报，2019-05-15（1）．

渔猎文明、农业文明和工业文明，物质文明和精神文明都取得了极大的发展。回顾过去300年世界现代化的历程，人类文明成就显著卓绝，危机也日渐深重。站在现代化运动的十字路口，立足中国式现代化的全新阶段，我们必须打破“现代化＝西方化”的迷思，大力推进中国式现代化的伟大实践，不断开拓和创造人类文明新形态。

一、人类文明的历史长河

对于文明的界定，众说纷纭，莫衷一是。在中国，文明的概念出现甚早，且对其理解也独具特色。在《周易·乾》中就有“‘见龙在田’，天下文明”的说法，《周易·贲》中则有“文明以止，人文也”的表述，《尚书·舜典》中也有“浚哲文明”的表达。中华文化中对“文明”的理解有文采光明、文德辉耀、文治教化、文教昌明等含义，与“野蛮”一词相对立；而中华文明则以诗书礼乐打造了崇高的价值观念，以仁义礼智信辐射着周边国家，以温良恭俭让闻名于大千世界。

在西方，civilization（文明）一词源于拉丁文civilitas，指的是公民的品质与社会生活的规则等。它起源于18世纪，法国的百科全书派启蒙思想家们认为，文明是指人类社会将要达到的那种有教养、有秩序、公平合理的高级发展阶段。19 世纪以后，随着考古学和民族学的发展，人们对文明产生了新的看法，即文明不仅存在于现在和将来，也存在于过去；不仅存在于西方，也存在于世界范围。在这种意义上，文明意味着人类社会的开化状态。人类学家路易斯·亨利·摩尔根在其著述《古代社会》中就把人类社会的发展划分为蒙昧、野蛮和文明三个大的阶段，恩格斯在《家庭、私有制和国家的起源》中更加充分地论述了这一观点，指出文明时代是社会发展的高级阶段。

长期以来，定义“文明”成为西方人的专利。但是近年来，随着中华文明探源工程的不断深入，经过几代人的接续努力，我国学者提出了定义“文明”的“中国方案”：“物质资料生产不断发展，精神生活不断丰富，社会分工和分化加剧，由社会分工和阶层分化发展成为不同阶级，出现强制性的公共权力——国家。”[①]同时，根据恩格斯“国家是文明社会的概括”，我们提出了进入文明社会的中国标准：“一是生产发展，人口增加，出现城市；二是社会分工，阶层分化，出现阶级；三是出现王权和国家。”[②]并得出中华文明“距今万年奠基，八千年起源，六千年加速，五千多年进入（文明社

① 王巍. 中华文明究竟有几千年 [N]. 人民日报，2018-02-07（22）.

② 王巍. 中华文明探源研究主要成果及启示 [J]. 求是，2022（14）：46-47.

会），四千三百年中原崛起，四千年王朝建立，三千年王权巩固，两千两百年统一多民族国家形成”[①]的科学认识，从而实证了中华五千多年文明史。“中华文明源远流长、博大精深，是中华民族独特的精神标识，是当代中国文化的根基，是维系全世界华人的精神纽带，也是中国文化创新的宝藏。”[②]综合以上关于文明内涵和文明社会标准的认识，从人类诞生到21世纪初，人类文明发展大致可分为渔猎文明、农业文明和工业文明三个阶段。

（一）渔猎文明

渔猎文明是渔业文明和狩猎文明的混合体，是与早期人类以捕鱼和狩猎为基本生存形式相伴生的文明形态。这一时期，自然在与人类关系中居于主导地位，人类的生存很大程度上取决于自然环境和动植物资源。渔业文明通常分布在沿海、河湖地区，狩猎文明则主要在森林地带。众所周知，地球诞生距今已有46亿年。化石显示，人类的历史大约始于700万年前，人类的直系祖先400万年前已进化出直立姿态。

① 王巍．中华文明探源研究主要成果及启示 [J]．求是，2022（14）：47.

② 习近平．把中国文明历史研究引向深入增强历史自觉坚定文化自信 [J]．求是，2022（14）：4.

大约 4 万年前，晚期智人的出现揭开了现代人类历史的序幕。晚期智人无论在生理上还是行为上都和现代人类相差无几。考古发现表明，这一时期人类制造的工具种类繁多，我们很容易可以辨认它们的用途，如针、锥子、雕刀等等，此外还有大量的艺术品出现，如洞穴壁画、雕像、乐器等。从现代的角度来看，人类走向文明前的黎明异常漫长，但文明的曙光还是如初升的太阳照耀在广袤的大地之上。这一阶段出现在人类身上的种种变革性进化，都是具有开创性意义的。

首先，人类进化出了沟通与交往的能力。脑容量的增加使得信息储存、创造性思考以及使用复杂方式交流成为可能。同时，直立行走对于语言进化也有着重要意义。人类所发明的语言作为一种真正的交流工具，成为人类区别于动物的本质特征之一。为了理解世界、与世界互动，人类随之进化，神话故事作为人类认知世界的工具被创造出来。在不同的人类文明中，都有丰富的神话故事，包含自己族群的创世故事、英雄事迹、山河风光等等，这些故事成为集体的记忆库，形成共通的文化背景将人们联系在一起，以叙事的方式储存着人类世界的文化信息。通过神话故事的形式，人类将法律条文、礼节仪式、权利义务、祖先神灵、气候类型、水源分布等信息在族群中代代相传、不断更新，进而定义、塑造了人们的思想观念和社会生活，甚至改变了人类与环境的互动方式。

其次，人类学会了制造和使用工具。会不会制造和使用工具，是人和动物的根本区别。在人类发展史上，重大的变革或进步都伴随着工具的创新或改进，这是人类在适应自然、改造自然过程中不断进步的重要力量。恩格斯在《家庭、私有制和国家的起源》中指出："文明时代是学会对天然产物进一步加工的时期，是真正的工业和艺术的时期。"① 人类没有锋利的爪子和牙齿，却成为地球上最具杀伤力的生物，原因就在于掌握了制造工具和武器的方法。不止于此，人类祖先学会了使用一系列工具而不是一件工具，来捕杀、处理猎物，明白了在特定的工作中使用特定的工具比光靠一身蛮劲更有效。从石矛、石斧等狩猎工具到骨针、骨刀等生活器具，可以说，工具的发明大大提高了人类的生存能力，也为人类不断走向文明奠定了坚实的基础。因此，恩格斯指出："劳动创造了人本身。"②

再次，火的发明和使用使人类开启了一种新的生存状态。掌握火种是人类历史的转折点，也是地球生命的转折点，生火和控制火种赋予人类将地球上的物质转化为人造物质的能力。早期居住在森林里的人类祖先发现，火灾过后很容易找到食物，而且熟的肉类和植物更美味、更健康、更易消化，因而人类能够更有效地获取热量。吃熟食的人存活时

① 马克思，恩格斯．马克思恩格斯文集：第 4 卷 [M]．北京：人民出版社，2009：38.

② 马克思，恩格斯．马克思恩格斯文集：第 9 卷 [M]．北京：人民出版社，2009：550.

间更长，从而有更多可能把基因传给下一代，获取食物的本领也就传承下来。因而，熟食在人类祖先的饮食中变得越来越重要，人类对火的依赖性越来越强。除了改变人类的饮食结构，火也是人类的保护伞。“摩擦生火第一次使人支配了一种自然力，从而最终把人同动物界分开”①，小小的火苗成了区分人类与其他动物的关键，它不仅让人类能够改变环境，还帮助人类离开了至今仍束缚很多灵长类动物的热带地区，使人类可以根据“食物群”的迁徙而不断移动，可以按照自己的意愿选择安营地点，还可以改变不适合居住的生态系统。恩格斯曾说，“就世界性的解放而言，摩擦生火还是超过了蒸汽机”②。

最后，人类的社会化程度让人类成为地球上最强大的生物。随着对火种的掌握、饮食结构的转变和制造工具能力的提升，人类改造环境的能力大幅提升，此时，人类的生存地点从森林迁徙到了大草原。而狩猎从根本上改变了人类社会，人们基于亲属关系形成了小规模、组织紧密、相互协作的集体，开启了群居生活。作为一个集体来共同生活，人们需要制定出缜密的计划，要能够理解、想象他人的想法和观点，从而获得食物、分配任务、制造工具、埋葬死者等等。这一切形成了一系列需要共同遵守的规则体系，从而进一步强化

① 马克思，恩格斯．马克思恩格斯文集：第 9 卷 [M]．北京：人民出版社，2009：121.

② 马克思，恩格斯．马克思恩格斯文集：第 9 卷 [M]．北京：人民出版社，2009：121.

了人们的集体意识。氏族部落是渔猎文明阶段人类社会最有效的组织形式，以崇尚合作和公有制为特征的氏族社会能够最大限度地满足人们的生存需求，直到现在仍然对人类社会的生存、发展具有启示意义。在此基础上，人类社会进入了快速发展的历史阶段。

（二）农业文明

马克思说过："人们自己创造自己的历史，但是他们并不是随心所欲地创造，并不是在他们自己选定的条件下创造，而是在直接碰到的、既定的、从过去继承下来的条件下创造。"①大约从距今1万年起，由于地理和气候因素与人类智慧的结合，不同大陆相继开始了农业革命。人类实现了历史上第一次生产力的巨大飞跃，开始了驯化植物的食物生产进程，解决了相对人口过剩这个棘手的问题。在驯化植物的同时，人类对动物的驯化也在进行——目前已知适合驯化的大型哺乳动物都已完成了驯化，动物的驯化也成为支撑农业文明发展的重要支柱。人类的物质、精神和制度文化都取得了显著进步，同时加剧着社会的分化，人类社会逐渐出现了阶

① 马克思，恩格斯．马克思恩格斯文集：第2卷[M]．北京：人民出版社，2009：470–471.

级，而与制度化的等级社会相适应的则是统治阶级的意识形态——礼制，以及强制性的公共权力——国家，人类社会进入了农业文明时代。

农业文明时代，赫赫有名的四大文明古国创造了人类出现以来文明的第一次辉煌。古埃及人建立了世界上最早的统一王朝，发明了象形文字，建造了宏伟的神庙、金字塔，创造了太阳历。古巴比伦国颁布了《汉谟拉比法典》，苏美尔人发明了楔形文字，在天文测量中发明了 60 进制。古印度人建立了延续几千年的种姓制度，发明了数的记号，创造了“0”的概念和符号，后演变成现在通用的阿拉伯数字；此外，佛教也诞生于古印度，至今仍然是世界三大宗教之一。中华文明的先祖们发明了甲骨文，最早掌握铜冶炼技术和合金冶炼技术，具备世界上最早的农耕和酿酒技术。

公元前 1300 年左右，人们开始尝试从矿石中炼铁的新方法。储量丰富、更易获取且更为坚硬的铁矿石以及由此制成的铁器成为历史的主角，铁器时代悄然降临并最终结束了青铜时代。铁器加工业引发了一系列经济、社会和政治变革。人们可以开辟更多新的农田，生产率和人口数量都有了飞跃式增长，这使得农业和军事都发生了彻底的革命。随着冶铁技术的不断成熟，世界范围内出现了一批庞大的帝国。波斯人建立了波斯帝国，印度人建立了孔雀王朝，希腊雅典完成了民主革命，罗马帝国一度是世界上最强大的帝国，一直到日耳曼帝国带领欧洲进入封建社会，随后又在多重因素影响下形成了中央集权的君主制国家，最终在革命的暴风雨中被彻底颠覆。

在华夏大地上，经历夏商周三代王朝之后，中华文明形成了以分封制、宗法制、礼乐制为特征的文明形态，中央集权制度得到进一步强化。最终，公元前221年，秦始皇统一六国，建立了统一多民族的大秦帝国，中华文明进入大一统国家的文明阶段。先民们培育了大量适合中国自然条件的农作物，创造了一系列改变中国社会形态和生活方式、影响世界经济和文化的生产技术和艺术成就。在天文、历算、建筑、医学、农业、手工业等众多领域有不少发明创造，其中的造纸术、火药、指南针、印刷术四大发明还间接为近代欧洲文明的兴起提供了重要条件。在漫长的农业文明时代，中华文明曾长期领先于世界其他文明，成为世界其他民族向往和效仿的对象。

人口规模巨大的城市、宏伟的宫殿、便利的交通网络、盛极一时的强大军队，都是上述这些强大的文明帝国留给世人的主要印象。与强大的政体相匹配的，是文化思想领域或意识形态领域的日益成熟。掌握文字书写能力的部落巫师成为专门的神职人员，建立起严密的神学理论，得到了国家的大力支持。公元前7世纪到公元前4世纪的一个时期，亚欧大陆几乎同时出现了儒家文明、犹太教、佛教和希腊哲学，人类文明进入了群星璀璨的“轴心时代”。此外，文字也产生了远远超出记账需要的影响，文学、宗教经典以及其他形式的文化相继诞生，并被传承和发扬。阶级国家的社会组织形式具有更高的生产率，更加适应当时生产力的发展，同时也进一步加剧了社会的分化和对立。两极分化问题成了阶级社会固有的难题，无论是绝对的赤贫还是相对的剥削，上层社会的奢侈和底层社会的穷困形成了强烈反差，所有文明都会患上“盛极而衰”的病症，在历史进程中周期性地循环。

随着历史的发展，封建主义的欧洲开始产生近代资本主义萌芽。中世纪的采邑制度保证了基本的生产，供养了统治阶级，同时也为村社生活提供了组织形式。随着农业生产效率的提高，剩余产品不断增加，加之长途贸易的发展，城市和商业也发展了起来。中世纪教会对人们长期不断的思想束缚和愈加深入的人格压抑，最终激起了人们的反抗。总之，生产关系越来越不适应生产力发展的需要，上层建筑越来越不能适应经济基础发展的需要，中世纪欧洲的旧制度中孕育出了新社会的文明种子。

（三）工业文明

工业文明是一种以工业化为重要标志、机械化大生产占主导地位的现代社会文明状态，其主要特点大致表现为工业化、城市化、法制化与民主化、社会阶层流动性增强、教育普及、信息传递加速、非农业人口比例大幅度增长、经济持续增长等。中世纪结束后，在理性主义文化传统及社会政治、经济和文化等条件的影响下，欧洲最先走上了工业文明的发展道路。从文明史的分期来看，人类社会目前尚处于广义上的工业文明时期。

15—16 世纪，随着新航路的开辟，人们打开了新世界的大门，欧洲国家开始了殖民扩张进程，初步形成了世界市场的雏形，人类开始了由农业文明向工业文明迈进的历程。"美洲的发现、绕过非洲的航行，给新兴的资产阶级开辟了新天地。东印度和中国的市场、美洲的殖民化、对殖民地的贸易、交换手段和一般商品的增加，使商业、航海业和工业空前高涨，因而使正在崩溃的封建社会内部的革命因素迅速发展。"①

直到 17—18 世纪，随着英法资产阶级革命的胜利和资本主义制度的确立，第一次工业革命使人类进入了蒸汽时代，人类打开了工业文明的大门。肇始于英国的这场史无前例、意义深远的革命，使得世界不再是以前的世界了，马克思指出："由于一切生产工具的迅速改进，由于交通的极其便利，

① 马克思，恩格斯．马克思恩格斯文集：第 2 卷 [M]．北京：人民出版社，2009：32.

把一切民族甚至最野蛮的民族都卷到文明中来了。……它迫使一切民族——如果它们不想灭亡的话——采用资产阶级的生产方式；它迫使它们在自己那里推行所谓文明制度，即变成资产者。一句话，它按照自己的面貌为自己创造出一个世界。”①人类社会进入了以工业化为主要特征的现代化进程，不同国家和地区或主动或被动地走上了现代化的道路，一直延续至今。

到了19世纪中叶，第二次工业革命推动人类进入电气时代，“电的利用将为我们开辟一条道路，使**一切**形式的能——热、机械运动、电、磁、光——相互转化，并在工业中加以利用。……使工业彻底摆脱几乎所有的地方条件的限制”②。第二次工业革命使得工业文明得以确立并发展，科技成为生产力发展的主要动力，对资本主义社会产生巨大的、深远的、广泛的影响，资本主义进入了一个新的发展阶段。

随着第三次工业革命的兴起，20世纪的工业文明进一步深化，原子能技术、航天技术和电子计算机的应用，使得人类生产的自动化、信息化水平达到了前所未有的高度，推动人类进入了信息时代。科学和技术密切结合，在推动生产力发展方面发挥着越来越重要的作用。同时，新技术革命的应

① 马克思，恩格斯．马克思恩格斯文集：第2卷[M]．北京：人民出版社，2009：35-36.

② 马克思，恩格斯．马克思恩格斯选集：第4卷[M]．3版．北京：人民出版社，2012：556.

用也促使社会经济结构和生活结构发生了重大变化，第一产业和第二产业在国民经济中的比重持续下降，第三产业的比重不断上升。科技革命的成果渗透到衣、食、住、行各个方面，大大提高了人类生活的舒适度和便捷性，同时也使人类面临严峻的挑战。

“进入21世纪以来，全球科技创新进入空前密集活跃的时期，新一轮科技革命和产业变革正在重构全球创新版图、重塑全球经济结构。以人工智能、量子信息、移动通信、物联网、区块链为代表的新一代信息技术加速突破应用，以合成生物学、基因编辑、脑科学、再生医学等为代表的生命科学领域孕育新的变革，融合机器人、数字化、新材料的先进制造技术正在加速推进制造业向智能化、服务化、绿色化转型，以清洁高效可持续为目标的能源技术加速发展将引发全球能源变革，空间和海洋技术正在拓展人类生存发展新疆域。”①

工业文明从根本上改变了社会生产方式和生产关系，机器开始取代人成为重要的生产要素为工业服务，社会实现了最广泛、最精细的分工，也随之分化为两大对立阶级。工业文明从根本上改变了国家组织方式，世界范围内的政治民主化进程不断加快。工业文明从根本上改变了人与自然的关系，

① 习近平．努力成为世界主要科学中心和创新高地 [J]．求是，2021（6）：4.

在现代科技的帮助下，人类对自然界的认识达到了前所未有的高度。工业文明从根本上改变了世界格局，殖民扩张和全球化使得东方从属于西方，世界的不平衡和对立紧张加剧。工业文明在为社会带来巨大进步的同时，其破坏力也如影随形，从而促使科学社会主义诞生，为人类社会的发展指明了新的方向。

二、世界现代化的 300 年

现代化是一个历史范畴，是人类社会由农业文明转向工业文明以至更高级的社会发展阶段的世界性运动。从第一次工业革命到现在还不到 300 年，人类历史不可逆地进入了现代化的进程。随着科技的进步和生产力的发展，经济、政治、文化和社会生活等各个方面发生了整体性变迁，工业现代化、政治现代化、城市化、全球化、人的现代化进程不断加快，人类社会从农业文明走向工业文明。现代化在创造巨大成就的同时，也伴随着一系列时刻威胁着人类生存和发展的危机，我们迫切需要一种能够跨越和克服西方现代化陷阱和弊端的全新现代化模式，更好地开拓人类文明的光明前景。

（一）现代化的前夜

中世纪晚期，欧洲的君主们对黄金的狂热以及他们枪炮的力量，为这一时期的地理大发现提供了强大的动力，也推动了一场“商业革命”的爆发，划破了人类文明的夜空。新航路的开辟大大降低了欧洲人购买东方货物的价格，海外殖民又使得大量黄金、白银源源不断流入欧洲，商业资本主义导致了一种生产力水平更高的一体化的全球经济的出现。随着贸易区域和市场的扩大，跨越区域甚至国家的新型企业家出现了，他们倒卖原材料，把利润投资于其他企业，甚至把钱借给教皇和皇帝，最后演变为银行家。商业贸易的快速发展刺激了农业和手工业的发展，使得封建的或行会的工业经营方式不能满足这种需要了，于是工场手工业代替了这种经营方式，这样劳动力和资本出现了新的分离。商业资本主义与当时欧洲君主建立的那种有凝聚力和侵略性的国家结构不谋而合，得到了商人们支持和赞助的君主，也为商人们营造了一种有利于商业扩张的氛围。“商业资本主义作为资本主义的典型形式一直存在到 1800 年，此后随着动力机器的采用，它向工业资本主义屈服，而商人则依附于拥有机器、熟悉机器和制造机器的工业家。”①

① R. R. 帕尔默，乔·科尔顿，劳埃德·克莱默．欧洲崛起：现代世界的入口 [M]．孙福生，陈敦全，何兆武，译．北京：世界图书出版公司北京公司，2010：134.

伴随经济实力的提升，人们的思想也开始觉醒。文艺复兴标志着一个崭新的时代，“现代”和“古代”的概念自此诞生，从思想领域发端，继而扩展到文学和艺术的整个领域，接着发展到教育、科学和政治等领域，欧洲社会的既有观念、风俗习惯都随之变革。在文艺复兴的推动下，自然科学取得了飞跃式发展，教会的权威不断下降，新兴资产阶级要求摆脱封建专制统治和教会压迫的愿望日益强烈，更加自信的人们掀起了一场轰轰烈烈的思想解放运动。君主专制与资本主义经济交织并存的法国成为启蒙运动的中心，一大批如今人们耳熟能详的思想家提出了“自由”“平等”“民主”“天赋人权”“三权分立”等理念，对专制主义、宗教愚昧和封建特权展开了猛烈抨击，从理论上证明了专制制度的不合理性，提出了一整套政治纲领和社会改革方案。启蒙运动的主导思想为欧洲资产阶级革命做了思想上和理论上的准备，并且使得理性思维、进步观念、民主共和等价值理念产生了世界性影响，动摇了封建统治的基础。英国率先完成了非暴力的议会改革运动；美国资产阶级革命取得了胜利，《独立宣言》的发布为这个新生国家的未来确立了基本前进方向；法国大革命在人们的狂热中徘徊前进，通过了《人权宣言》和《拿破仑法典》。这场由资产阶级领导的反对封建社会制度的革命，最终确立了资本主义制度，为资本主义的发展铺平了道路。

人类文明现代化的前夜，新生与毁灭交织。商业资本主义在全球范围内的扩张对欧洲文明来说是悦耳的福音，但是对其他文明特别是落后地区的文明来说则是恐怖的灾厄。当资本主义浪潮席卷而来，这些相对当时的欧洲来讲落后的地区，由于经济社会发展的滞后和地理上的隔绝，既无力抵抗欧洲的武装力量，也无力应对欧洲的疾病，造成了美洲人口的锐减、印第安人的几近灭绝、非洲大陆残忍的黑奴贸易、澳大利亚传统文明的消亡等惨剧。由此可见，西方文明和资本主义驱动下的现代化从开启之时就埋下了危机的种子。

（二）现代化的第一次浪潮

第一次现代化浪潮是从 18 世纪后期到 19 世纪中叶，由第一次工业革命推动，然后向西欧扩散的工业化进程。资产阶级革命加速了商业资本在欧洲和更广阔世界的传播，商业资本主义在商品交换、货币流通和资本积累方面大显神通，但产品的生产方式几乎没有变化，仍然依靠个体工匠的手工劳动完成。发生在近 300 年前的第一次工业革命是迄今为止人类社会发展历程中最大的分水岭，人类的生产从手工工具转向动力机械，资本主义的生产方式取得了决定性的胜利。

这一发端于英国随后传播到世界各地的伟大变革，引导人类进入了崭新的“蒸汽时代”，掀起了世界现代化的浪潮。

工业资本主义使生产率突飞猛进，也使全球一体化的趋势更加明显，从根本上打破了新型工业化国家与世界其他地区的平衡，这是自农业革命以来的第二次大分化。英国在完成产业结构转型后，把自己的部分第一产业转移到其他地区，拉丁美洲成为它的热带作物供应基地和矿石开采基地，非洲到东南亚的边缘地区成为它的贸易殖民地。西方与非西方之间日益扩大的差距，反映了资本主义国家更为强劲的活力。资本主义国家永不静止，随着其不断增强的经济、军事实力和社会达尔文主义提供的意识形态依据，它们在世界范围内展开了更加疯狂的殖民扩张，而且不仅仅限于美洲和零星的非洲地区，甚至近代中国、波斯、奥斯曼都沦为了它们的半殖民地。它们把殖民地、半殖民地作为自己的原料供应地和商品倾销市场，摧毁了那里的传统手工业，中断或改变了这些地区文明自发演进的进程，形成了“中心—边缘”现代世界体系。

第一次工业革命带来的不仅仅是经济与技术领域的现代化，而且是政治、经济、社会和文化全部领域系统性的现代化变革。在发生了工业革命的国家里，随着机器大生产的普及，劳动生产率和产量都得到了巨大提升。失去生产资料的农民和工匠忍痛迁入新兴工业城镇，寻找新的工作机会，适应新的环境，接受新的生活方式，因为他们除了劳动力，没有其他任何东西可以出售。尽管他们的工作收入比过去在农村有了明显的提高，付出的代价却是承受肮脏危险的工作环境、有害健康的住宿条件、长期的超时工作等等。资本主义通过将农民驱离土地，用机器剥夺农民和工匠对生产手段的控制权，实现了生产者与生产资料的分离，一个新的社会阶级——无产阶级随之产生。两大阶级的对立，贯穿了整个资本主义发展的历史。

当人们为建立在工业革命基础上的现代化成就欢欣鼓舞之时，也有人为现代化大潮下人类的前途命运忧心忡忡，马克思和恩格斯是他们中的佼佼者。他们二人创立了辩证唯物主义和历史唯物主义的哲学，发现了剩余价值理论，解析了资本家剥削工人的秘密，提出了消灭剥削和消除贫困、实现人的解放和发展的路径。探索建立一个新世界，使人的劳动服务于自己的需要，成为马克思主义的终极关怀。马克思主义之所以成为可能，在于马克思和恩格斯不仅仅是解释世界的哲学家，更是改造世界的革命家，他们深入那个时代的群众斗争之中，在革命的熔炉中检验、提炼自己的科学真理。马克思主义指导实践取得的辉煌成就，为人类社会实现现代化指明了新的方向。

（三）现代化的第二次浪潮

第二次现代化浪潮的物质技术基础是电与钢铁，内燃机和电力广泛应用于工业生产各部门，经济增长的速度大大超过蒸汽机带动的第一次工业革命。19 世纪下半叶到 20 世纪初，由于机器代替人力的实现，工业化和现代化在欧洲核心地区取得了巨大成就并向周围地区扩散。随着资本主义经济的发展，自然科学取得了重大进展，以电力的发明和内燃机的应用为标志的第二次工业革命使人类社会进入“电气时代”。第二次工业革命极大地推动了社会生产力的发展，对人类社会各个领域都产生了深远的影响。特别是俄国十月革命的胜利，使得落后国家成功跨越资本主义“卡夫丁峡谷”由理论变为现实，人类社会开始探索不同于资本主义现代化道路的社会主义现代化道路。

工业生产自动化、大规模铁路建设、炼钢技术的改进、电报电话的发明，使得世界经济在 19 世纪后期出现爆炸性增长。短短几十年间，资本主义创造了前所未有的财富，大量廉价的商品涌入市场，改善了人们的生活条件。城市地位不断上升，主要工业国家都陆续出现 100 万以上人口的大城市，而且数量还在不断增加。大城市树立了现代的社会风气，人们的生活方式、家庭结构、社会意识、文化教育等都明显不同于传统的农村地区。总的来说，主要工业国家在工业化的强大推动下，基本实现了从农业社会向工业社会的转型。

在第二次现代化浪潮之后，无计划的资本主义发展全面失控，引起了内部矛盾的大爆发，从而引发了第一次世界规模的发展性危机：生产过剩和消费不足、利润和物价同时下跌的通货紧缩、金融危机导致的衰退。在此期间，资本主义由自由竞争向垄断转变，各发达资本主义国家之间争夺市场的斗争日趋白热化，加之军国主义兴起、全球生产过剩，最终爆发了要求重新分配全球资源和划分势力范围的帝国主义战争——第一次世界大战。历时 4 年多的战争造成了 3 000 多万人的死伤，人类文明仿佛堕入野蛮。在经历了短暂恢复之后，资本主义制度中不可克服的矛盾再次爆发，资本主义发展再次陷入了令人绝望的危机——大萧条。作为对这场危机的极端右翼的反应，法西斯国家发动了人类历史上空前规模的世界战争——第二次世界大战。先后有 60 多个国家和地区、20 亿以上的人口卷入战争，人类文明遭受空前的浩劫。

欧洲资本主义从 19 世纪 70 年代开始爆发式增长，到 1914 年工业无产阶级的人数已达上千万，马克思主义科学理论的传播和大规模的罢工运动又将工人阶级锻造成一支具有强大战斗力和凝聚力的队伍。1917 年俄国十月革命具有伟大的历史意义，它冲破了世界帝国主义阵线，建立了第一个无产阶级专政的社会主义国家。第一次世界大战造成的严重革命危机，俄国作为帝国主义链条薄弱环节其自身的政治、经济和社会情况，为其脱离资本主义世界体系提供了重要机遇，这一独特历史规定性，使得俄国走上了通过社会制度革新，从资本主义向社会主义转变的现代化新道路。

社会主义现代化最初提出了一条著名公式："苏维埃政权加全国电气化"，在一个经济落后的农业大国中，以苏维埃政权为杠杆，采用非常手段，用新的资本积累和资源调配方式开拓了不同于早期工业化的优先发展重工业的新型工业化道路。尽管"苏联模式"的现代化有其缺陷，如比例失调导致的畸形增长、农业劳动力比重过高、增长机制不健全等，但苏联仍然在第二次世界大战前实现了初步工业化，用两个"五年计划"建设出一个强大的社会主义工业化国家，引领一批实现民族独立的国家走上了社会主义道路。"苏联模式"作为一种不同于资本主义的社会主义现代经济体系，为后来社会主义国家现代化道路的选择与探索提供了有益借鉴。

（四）现代化的第三次浪潮

第三次现代化浪潮始于 20 世纪 40 年代末 50 年代初，是与第三次工业革命即当代的新技术革命，主要是机电一体化和信息技术的飞跃发展相伴而生的。第二次世界大战带动了技术创新的快速发展，造成新经济增长的巨大物质需求和精神需求，推动了帝国主义殖民体系的瓦解和对新发展道路的追求。原子能、电子计算机和一系列新兴技术的广泛应用，半导体晶体管、人造卫星、激光、基因技术等“新兴技术群”的发展进步成为经济增长的关键因素，推动了一场席卷亚洲、非洲和拉丁美洲广大地区的真正全球性的大变革。20 世纪 90 年代以来，新一轮技术革命方兴未艾。其以信息科技为核心、新能源为动力，通过物联网、信息通信技术、大数据分析等，推动社会生产由机械化、电气化、自动化向智能化发展，广泛应用于数字化、智能决策、区块链、生命健康等领域，在更高层次上极大提高了人类征服和改造自然的能力，对经济社会的各个方面产生了广泛而深远的影响，推动了经济制度、政治制度和社会制度的重大变革与创新。

在这次现代化浪潮中，新技术革命的推动，加上资本主义现代化模式的变化，带来了发达工业国的产业升级，西方国家经历了长达 20 年的持久繁荣。这使得以美国为代表的早期工业化国家相继进入现代化的高级阶段，第三产业成为其支柱产业，生产的高科技化、专业化和多样化同步提升，先后进入了发达资本主义工业文明，这 20 年的世界工业总产量相当于 1800 年以来一个半世纪的总和。第二次世界大战前已经初步实现工业化的苏联也通过改革和探索，向发达工业社会过渡，取得了令人瞩目的成就，甚至成为可以与美国相抗衡的超级大国，只是由于各种内外原因，在苏联解体、东欧剧变后戛然而止。同时，第二次世界大战后的第三世界革命使得占世界人口大多数、处于世界发展边缘的广大亚非拉国家卷入了这场变革大潮，这些国家通过政治变革引导经济变革，全力投入现代化的追赶进程。这场现代化浪潮以北美为中心，带动西欧、日本等实现产业转型升级，大力发展技术密集型、资本密集型产业，而劳动力密集型产业则转移到劳动力成本低廉的发展中国家。韩国、中国台湾、中国香港、新加坡借机一跃成为“亚洲四小龙”。而巴西、委内瑞拉、阿根廷等拉美国家却因为两极分化、环境恶化、失业人口过多，不仅没有发展起来，反而进一步拉大了与发达国家的差距，成为经济有增长而无发展的典型。

历史表明，走向现代化是近 300 年来世界发展的潮流，是人类社会发展进步的一个自然的历史过程，但是，世界上没有放之四海而皆准的现代化模式。人类社会从第一次工业革命开始进行现代化探索，各国独特的文化传统、独特的历史命运、独特的基本国情，决定了世界上既不存在一成不变的现代化模式，也不存在普适的现代化标准。正如习近平所指出的：“一个国家选择什么样的现代化道路，是由其历史传统、社会制度、发展条件、外部环境等诸多因素决定的。

国情不同，现代化途径也会不同。”①

三、文明和现代化的关系

人类社会自诞生以来，创造了不同的文明形态。人类从蒙昧走来，向着文明前进。“不同文明凝聚着不同民族的智慧和贡献，没有高低之别，更无优劣之分”②，不同国家和民族的文明赋予这个世界姹紫嫣红的色彩。现代化既是人类文明发展的特定阶段，更是人类文明不断进步的目标。人类已经创造出绚烂的世界文明之园，不同国家和民族实现现代化的路径不可能是唯一的。在人类现代化进程中应该尊重和保护文明多样性，推动不同文明交流对话、和平共处、和谐共生，“以文明交流超越文明隔阂、文明互鉴超越文明冲突、文明共存超越文明优越”③，共同绘就人类文明美好画卷。中国式现代化，打破了只有资本主义制度才能实现现代化、创造人类文明的妄言，实现了对西方现代化理论的超越，从根本上打破

① 习近平．中国式现代化是强国建设、民族复兴的康庄大道 [J]. 求是，2023（16）：4.

② 习近平．携手构建合作共赢新伙伴　同心打造人类命运共同体：在第七十届联合国大会一般性辩论时的讲话 [N]．人民日报，2015-09-29（2）.

③ 习近平．习近平谈治国理政：第 3 卷 [M]．北京：外文出版社，2020：46.

了“现代化就是西方化”的幻象。

（一）现代化是文明发展的特定阶段

不同阶段的文明对应着人类社会不同的发展阶段，具有独特的发展过程。文明是一种历史的总和，包含了一系列相互联系的特殊的世界观、习惯、结构和文化等各方面的联结。每个文明形态都有与其相适应的生产力与生产关系、经济基础和上层建筑，从而形成了各种具体文明形态的差异。现代化则是一个革命性的文明转型过程，它包括经济、政治、社会和文化等领域的整体性、持久性变迁。到目前为止，人类社会仍然处于现代化进程之中。纵观世界历史，过去的 1 万年人类经历了两次巨大变革：农业革命使人类迎来了文明的曙光；工业革命则使人类进入了现代文明。从本质上讲，现代化是人类文明的一个特定阶段。

在经济方面，从生产力的角度来看，现代化的主要内容是工业化。人类社会经由漫长的石器时代、青铜时代、铁器时代，进入了蒸汽时代、电气时代，以至 21 世纪的信息和人工智能时代，生产力水平随着生产工具的革新而不断发展，特别是进入工业文明以来，创造了惊人的物质财富。“资产阶级在它的不到一百年的阶级统治中所创造的生产力，比过去一切世代创造的全部生产力还要多，还要大。”①

在政治方面，现代化的主要内容是民主化。人类社会组织形态经历了原始氏族社会、奴隶社会、封建社会、资本主义社会和社会主义社会的演进历程，未来将会进入共产主义社会。除了原始氏族社会低生产力条件下呈现平等，自文明产生以来，随着阶级和国家的出现，人类社会长时间处于一种阶级剥削和压迫状态之中。现代化过程中，随着自由、平等、民主理念深入人心和资产阶级革命的推动，现代国家的民主化程度大大提高了。

在思想文化方面，现代化的主要内容是理性化。人类认识世界和改造世界的意识发展，经历了从万物有灵的图腾崇拜、创世神话、一元化宗教到理性和科学的过程。随着文艺复兴对“人”的解放、历史科学对往昔人类活动的记录、地理知识对人类多样性的呈现和达尔文进化论对人类起源的研究等一系列过程，理性和科学在人们思想中的比重越来越大，人们的怀疑精神不断增加，宗教神谕的光环越发黯淡。

在人与自然关系方面，现代化的主要内容从人对自然界的征服与控制逐渐发展为人与自然和谐共生。在现代化之前的世界，人与自然关系主要表现为畏惧和遵从。狩猎采集时代的人类在面对自然界中不可预料和克服的灾难时，由于生产力水平的低下，产生了一种畏惧自然的心理，这也是图腾

---

① 马克思，恩格斯．马克思恩格斯文集：第 2 卷 [M]．北京：人民出版社，2009：36.

崇拜产生的原因。到了农业文明时期，人类不断总结自然规律，但仍然无法控制或从根本上改造自然，因而对自然主要表现为一种遵从。工业革命彻底改变了人与自然关系，人们通过技术征服自然、改造自然甚至控制自然，在为人类发展提供了充足支撑的同时，也产生了一系列严重后果。随着现代化进程的不断推进，人们逐渐认识到过度开发利用自然带来的恶果，开始有意识地关注环保，协调人与自然关系。

在人的发展方面，现代化的主要内容是人的现代化。在现代化进程中，人既是实践主体，也是价值主体，更是终极目的。世界的现代化不但无法与人的现代化分离，而且它本身就是人的现代化的进程展示。因此，从广义上讲，人的现代化是指现实的人及其世界的现代化。从狭义上说，人的现代化仅指人的自我世界的现代化，也即个人的现代化。人的现代化在本质上并不是一种内涵单纯和结构定型的"实体"，而是表征现实的人的传统性不断削弱和现代性不断增强、限制性不断降低和自由性不断提升、片面性不断摒弃和全面性不断张扬的"过程"。

总之，随着现代化进程的推进，人类对其环境复杂性的理解力和控制力得到了巨大提升，公民的政治参与权和个人选择权有了更好的保障，国家和社会也向着理性化和高效率不断迈进，而科技的进步和劳动分工的发展为人类提供了丰富的剩余，从而保证了其他领域的进步。现代化使更多的人从农业劳动中解放出来后，不断向城市集中，而更高水平的教育、男女性别平等、更好的医疗条件和更低的死亡率则都体现了现代化在社会生活领域的进步。

（二）文明视域下西方现代化的整体性危机

现代化无论作为一种社会变革运动还是作为一股思潮或一套话语，都是由西方资本主义国家发起并主导的，以至于当今许多人仍然把现代化理解为西方资本主义现代化或者西方化。不容否认，西方国家率先开创了人类的现代化并诠释了现代化的内涵意义。在世界现代化近300年的历史中，西方国家在世界政治上的影响达到鼎盛、在世界经济中处于领先，并对西方以外的各国人民施加着最大限度的影响，直至今天，西方国家在现代化进程中仍然处于领先地位。但在带来巨大进步的同时，现代化也给人类带来了被称为“现代病”的负面影响。现代化危机是一种整体性危机，涉及人类生产生活的各个方面。

西方现代化的第一个危机是人与自然关系失衡带来的生态危机。随着农业革命与工业革命的展开，人们的生活水平提高，死亡率下降，婴儿存活率大幅上升，人均寿命也有所延长。由于强制种痘的普及和医疗卫生设备的普遍改进，西方国家人口增长速度不断上升。自 1700 年起，欧洲人口数量开始急剧上升，到 1900 年已经达到 4 亿人，比 1700 年的 1 亿人翻了两番，也就是马尔萨斯所说的“指数级增长”。随着第二次世界大战后亚洲、非洲和拉丁美洲等广大发展中国家的兴起，世界人口出现了迅速增长，庞大的人口数量给粮食生产带来巨大压力，特别是发展中国家仍然有相当数量的人口处于贫困状态，此外人口问题也与就业、养老、教育、医疗、环境等问题密切相关。

人口问题与环境问题紧密交织，人口增长形成的资源缺乏和环境破坏已经成为当今世界面临的重大问题，突出表现为生态破坏、环境污染严重。到目前为止已经威胁人类生存并已被人类认识到的环境问题主要有全球变暖、臭氧层破坏、酸雨、淡水资源危机、能源短缺、森林资源锐减、土地荒漠化、物种加速灭绝、垃圾成灾、有毒化学品污染等。联合国粮农组织发布的统计数据显示，2020 年全球森林面积约为 41 亿公顷，占土地总面积的比例从 2000 年的 31.9% 降至 31.2%，净减少了近 1 亿公顷。总体来讲，人类在第一次工业革命以来的现代化进程中对环境造成的破坏远超以往任何时代。恩格斯告诫人类：“我们不要过分陶醉于我们人类对自然界的胜利。对于每一次这样的胜利，自然界都对我们进行报复。每一次胜利，起初确实取得了我们预期的结果，但是往后和再往后却发生完全不同的、出乎预料的影响，常常把最初的结果又消除了。”[①]

西方现代化的第二个危机是高度工业化和全球化带来的对立冲突危机。现代化起源于欧洲，物质和工业上的空前增长使得西方长期以来成为“世界中心”，对自身成就的自豪让西方人产生了一种根深蒂固的意识，即西方世界与非西方世界分别处于“进步与落后”“文明与野蛮”的两端。西方中心论的傲慢与偏见在于认为西方式现代化是人类实现现代化的唯一模式和路径，那将是“历史的终结”。然而，西方文明的扩张在很大程度上并不是因为其文化上的影响力，而更多的是因为其先进的生产力、有计划的文化渗透以及有组织地使用武力。“数据显示，19 世纪初期，欧洲及其殖民地占据全球土地面积的 35%，到 1878 年，这一数字达到 67%，1914 年达到 84%，之后还有所提高……在其扩张进程中，西方文明对其他文明产生了巨大的影响，改变甚至消灭了许多文明，其他一些文明不是被征服就是被弱化，从而在一定程度上居于从属地位。”[②]欧洲文明的扩张倾向和资本主义的征服冲动结合起来，整个西方国家的现代化过程就是一部血与火的历史，帝国主义国家甚至发动了两次世界大战，引发了全球性危机，

① 马克思，恩格斯. 马克思恩格斯文集：第 9 卷 [M]. 北京：人民出版社，2009：559-560.

② 刘洪愧，邓曲恒 . 中国式现代化作为文明新形态的理论分析 [J]. 经济学动态，2022（6）：13.

给人类带来了深重灾难。因此，人类需要探索一条和平发展的现代化道路，在承认文明多样性的基础上，推动构建人类命运共同体，实现和平与发展。

西方式现代化除了在世界范围内造成了不平等和压迫，在其内部也造成了严重的两极分化。19 世纪中期，当资本主义生产方式还处于上升时期时，马克思和恩格斯就指出，“随着资产阶级即资本的发展，无产阶级即现代工人阶级也在同一程度上得到发展”①，而“由于推广机器和分工，无产者的劳动已经失去了任何独立的性质，……工人变成了机器的单纯的附属品，要求他做的只是极其简单、极其单调和极容易学会的操作。……劳动越使人感到厌恶，工资也就越减少”②。这样一来，“整个社会日益分裂为两大敌对的阵营，分裂为两大相互直接对立的阶级：资产阶级和无产阶级”③。基于这种愈演愈烈的两极分化态势，马克思和恩格斯号召全世界无产者联合起来，推翻资本主义制度，建立社会主义新社会。虽然资本主义国家通过改革在一定程度缓和了社会的贫富分化，但是制度上的小修小补不可能从根本上改变生产资料私有制条件下的这一社会顽疾。联合国开发计划署（UNDP）发布的《2020年人类发展报告》显示：在大多数西方发达国家中，

① 马克思，恩格斯．马克思恩格斯文集：第 2 卷 [M]．北京：人民出版社，2009：38．

② 马克思，恩格斯．马克思恩格斯文集：第 2 卷 [M]．北京：人民出版社，2009：38．

③ 马克思，恩格斯．马克思恩格斯文集：第 2 卷 [M]．北京：人民出版社，2009：32．

最贫困的 40% 人口的收入占税前国民总收入的比重都不超过 25%，其中，占比最小的美国只有 15.4%；而大多数国家中最富有的 1% 人口的收入在税前国民总收入中所占的比重都超过了 10%，其中，占比最大的美国达到 20.5%。美国最富有的 1% 人口的收入占比，比最贫困的 40% 人口的收入占比多出 5.1 个百分点。因此，人类需要探索一条全体人民共同富裕的现代化道路。

西方现代化的第三个危机是社会剧烈变革所带来的价值危机。现代化带来的光明和困扰如同一枚硬币的两面。科技发展和不断增长的大众消费需求都是现代化的动力，然而，纵观西方现代化的过程可以看到，科技发展、工业化带来的不仅是物质丰富和生活便利，还有物欲横流和人文精神的失落。科技一旦失去了人文关怀，失去了对人类生存环境的尊重，消费需求增长一旦发展成过度消费、物质主义，将会给人类和自然界造成极大危害。“在现代性带来的所有问题中，最根本的问题之一是新的生活方式的建立不可避免地蕴含着旧的生活方式的破坏。”①社会作为一个有机整体，当其中某一部分发生深刻、迅猛的变革而其他部分无法适应这些变革时，整个社会就会处于一种“失范”状态。从个人层面来看，就是马克思所说的“异化”。启蒙运动中的科学理性观念深入人

① C. E. 布莱克. 现代化的动力 [M]. 段小光，译. 成都：四川人民出版社，1988：37.

心，基于宗教教条的信仰机制越来越走向世俗化，终极关怀的缺失使得人们除眼前需要和目标之外，找不到其他方向的依据，马克斯·韦伯用“理性的铁笼”描述这种现代化的精神危机。同时，现代文明中平等、自由、公平等理念的传播使得人们对于人的无限可完善性有了一种期待，而现实差异的存在又让人们难以忍受，产生出一种普遍的焦虑。从社会层面看，现代社会分工造成了“原子化”的个人，而社会作为一个“有机团结的整体”又需要实现认同和整合。现代化以来人类提出了各种各样的“主义”，其中种族主义、纳粹主义和军国主义的流行给人类带来了巨大的灾难，直到今天这些思潮仍然存在于人类文明的夹缝之中，时刻威胁着人类的安全和发展。因此，我们需要探索一种物质文明与精神文明相协调的现代化道路。

在以资产阶级为主导的西方现代化过程中，西方国家试图按照“自身的面貌”建造一个世界，带来的却是生态危机日趋严重、贫富分化不断扩大、霸权主义不断持续的矛盾的现代化，人与自然、人与社会、人与自身的关系不断紧张。无论是早期的英国、法国，还是后来的德国、美国、日本，资本主义的原始积累都是一部罪恶的历史。正如马克思所批判的，“资本来到世间，从头到脚，每个毛孔都滴着血和肮脏的东西”[①]。

---

① 马克思，恩格斯．马克思恩格斯文集：第5卷[M]．北京：人民出版社，2009：871．

（三）中国式现代化创造了人类文明新形态

长期以来，人们对于发展中国家实现现代化的探讨都是简单“临摹”西方国家内源性现代化范式，片面强调现代性而忽视传统，脱离本国实际而照搬西方，把西方现代化过程所表现出来的现代性特征视为不发达国家实现现代化必须仿效、照搬的一般特征，把西方国家所经历的现代化道路当作不发达国家必须重复走的道路。但各个国家实现现代化的进程，绝不仅仅是一种实现方式、一条道路、一种模式。习近平指出：“一个和平发展的世界应该承载不同形态的文明，必须兼容走向现代化的多样道路。”①“一个国家走向现代化，既要遵循现代化一般规律，更要立足本国国情，具有本国特色。”②

人类社会发展进程曲折起伏，各国探索现代化道路的历程充满艰辛。当今世界，多重挑战和危机交织叠加，世界经济复苏艰难，发展鸿沟不断拉大，生态环境持续恶化，冷战思维阴魂不散，人类社会现代化进程又一次来到历史的十字路口。“两极分化还是共同富裕？物质至上还是物质精神协调

① 习近平．坚定信心 共克时艰 共建更加美好的世界：在第七十六届联合国大会一般性辩论上的讲话 [N]．人民日报，2021-09-22（2）.

② 习近平．携手同行现代化之路：在中国共产党与世界政党高层对话会上的主旨讲话 [N]．人民日报，2023-03-16（2）.

发展？竭泽而渔还是人与自然和谐共生？零和博弈还是合作共赢？照抄照搬别国模式还是立足自身国情自主发展？我们究竟需要什么样的现代化？怎样才能实现现代化？”①面对这一系列的现代化之问，中国共产党团结带领中国人民，不断探索走出了一条中国式现代化道路。“中国式现代化既有各国现代化的共同特征，更有基于自己国情的鲜明特色。……中国式现代化，深深植根于中华优秀传统文化，体现科学社会主义的先进本质，借鉴吸收一切人类优秀文明成果，代表人类文明进步的发展方向，……打破了‘现代化＝西方化’的迷思”②，展现了不同于西方现代化模式的新图景，拓展了发展中国家走向现代化的路径选择，为人类对更好社会制度的探索提供了中国方案。

第一，中国式现代化是坚持以人民为中心的现代化，摒弃和超越了西方以资本为中心的现代化。“现代化道路最终能否走得通、行得稳，关键要看是否坚持以人民为中心。现代化不仅要看纸面上的指标数据，更要看人民的幸福安康。”③西方现代化模式的运行逻辑是资本逻辑，即以资本为中心构造

① 习近平．携手同行现代化之路：在中国共产党与世界政党高层对话会上的主旨讲话[N]．人民日报，2023-03-16（2）．

② 习近平在学习贯彻党的二十大精神研讨班开班式上发表重要讲话强调正确理解和大力推进中国式现代化[N]．人民日报，2023-02-08（1）．

③ 习近平．携手同行现代化之路：在中国共产党与世界政党高层对话会上的主旨讲话[N]．人民日报，2023-03-16（2）．

社会基本组织和经济权利，以追求剩余价值最大化、实现资本扩张为目标的现代化模式。在西方现代化模式中，资本是“普照的光”和“特殊的以太”①。资本一方面是推动其现代化发展的重要动力，另一方面则是导致其现代化危机的直接根源。资本逻辑从根本上规定着西方现代化的本性和命运。与西方以资本为中心的现代化截然不同，中国式现代化是为了人民、依靠人民、成果由人民共享的现代化。人民是历史的创造者，是推进现代化最坚实的根基、最深厚的力量，现代化的最终目标是实现人自由而全面的发展。习近平特别指出：“只有坚持以人民为中心的发展思想，坚持发展为了人民、发展依靠人民、发展成果由人民共享，才会有正确的发展观、现代化观。”②坚持以人民为中心的现代化，是中国式现代化的社会主义性质所规定的，也是中国式现代化的领导力量——中国共产党的性质宗旨所决定的。一切为了人民，维护人民的根本利益，增进民生福祉，让现代化建设成果更多更公平地惠及全体人民，是中国式现代化的根本价值遵循。中国式现代化锚定人民对美好生活的向往，顺应人民对文明进步的渴望，努力实现物质富裕、政治清明、精神富足、社会安定、生态宜人，让现代化更好回应人民各方面诉求和多层次需要，

① 马克思，恩格斯. 马克思恩格斯文集：第8卷[M]. 北京：人民出版社，2009：31.

② 习近平. 把握新发展阶段，贯彻新发展理念，构建新发展格局[J]. 求是，2021（9）：11-12.

既增进当代人福祉，又保障子孙后代权益，促进人类社会可持续发展。

第二，中国式现代化坚持全体人民共同富裕，摒弃和超越了西方两极分化的现代化。马克思在《资本论》中强调，资本主义生产方式的绝对规律是“生产剩余价值或赚钱”[①]。西方现代化在萌发期就通过“羊吃人”的圈地运动和对外殖民战争来完成资本的原始积累，尽管西方现代化模式以其生产力的巨大发展和进步可以实现国家意义上的整体富裕，但它在发展过程中也带来了有产者和无产者之间贫富不均、阶层固化、社会冲突等两极分化、不可调和的矛盾，无意也无法解决实现全体人民共同富裕的问题。在中国革命、建设和改革的过程中，特别是党的十八大以来，中国共产党人始终坚持以马克思主义为指导并结合中国的具体国情，对中国式现代化如何实现生产发展和物质富裕进行了持续的理论探索和实践行动。中国式现代化的发展始终“毫不动摇巩固和发展公有制经济，毫不动摇鼓励、支持、引导非公有制经济发展，使市场在资源配置中起决定性作用，更好发挥政府作用”[②]。不仅如此，社会主义还要“广泛推行和真正支配根据科学原则进行的产品的社会生产和分配”[③]。在社会主义中国，逐渐建立

① 马克思，恩格斯．马克思恩格斯文集：第 5 卷 [M]．北京：人民出版社，2009：714．

② 习近平．习近平谈治国理政：第 3 卷 [M]．北京：外文出版社，2020：17．

③ 列宁．列宁选集：第 3 卷 [M]．3 版修订版．北京：人民出版社，2012：546．

了以公有制为主体的所有制结构下按劳分配为主体的收入分配制度，通过按劳分配的初次分配、调节分配的二次分配和流动分配的三次分配机制优化分配格局，同时逐步完善社会保障制度，解决全体人民在教育、医疗、住房、养老等方面的顾虑，充分彰显了劳动者的主体地位。

第三，中国式现代化是物质文明和精神文明相协调的现代化，摒弃和超越了西方物质主义膨胀的现代化。在资本逻辑的驱使下，“以物为主”的物质主义思想弥散在西方国家的现代化进程之中。物质主义鼓吹物质文明在人类发展中的唯一决定作用，以商品拜物教、货币拜物教为推手，引诱人们主动投身于对物质利益的追求之中。物质主义带来了工具理性的膨胀，这一浪潮加剧了消费主义、享乐主义对人们精神世界的侵袭，资本主义借此种手段，在引诱、麻痹中消解了人们的独立精神和抗争意志，在粉饰太平之下开展了更为持久和深刻的剥削。“只有物质文明建设和精神文明建设都搞好，国家物质力量和精神力量都增强，全国各族人民物质生活和精神生活都改善，中国特色社会主义事业才能顺利向前推进。”① 中国式现代化道路坚持物质文明和精神文明相协调的发展规划，既不断解放和发展生产力，持续提升人民群众的生活质量和生活水平，又长期注重思想解放，提高人民群

① 习近平．习近平谈治国理政：第 1 卷 [M]．2 版．北京：外文出版社，2018：153．

众的知识层级和思想水平。将物质文明建设与精神文明发展置于同等的战略地位，是深入贯彻马克思主义、坚持物质与精神相统一的必要之举，更是坚持社会主义建设、推进人自由全面发展的必由之路。中国坚持物质文明和精神文明相协调的现代化道路，吸取了西方国家现代化进程中的经验教训，也在实践中不断反思、寻求突破，不仅促进物的不断丰富，而且促进人的全面发展，从而避免了西方现代化模式中人的物质化、“异化”倾向，最终走向人的自由和解放。同时，中国式现代化开创了人类文明新形态，实现了中华传统文明与现代文明的有机结合，建构着中华民族现代文明，证明了现代化本身并不会导致文明多样性的终结，反而能够促进文化融合，从而为世界提供了认识传统文明与现代文明关系的新视角。

第四，中国式现代化是人与自然和谐共生的现代化，摒弃和超越了西方人与自然异化断裂的现代化。西方国家的现代化是一个坚持“以物为本”的物化过程，追求资本、货币和商品对社会发展的绝对支配力量，通过不断攫取剩余价值获得现代化的推进动力，而剩余价值则源于对工人、农民及自然环境持久深刻的剥削和掠夺。西方国家奉行的利己主义和人类中心主义的逐利式现代化曾在其发展过程中无节制地开采自然资源，无限制地排放工业污染，对地球生态造成了不可逆转的破坏，形成了世界范围内的生态危机。这种现代化发展模式长期割裂人与自然间的依存关系，打破了人与自然间的生态平衡，最终造成了自然对人类关系的异化。中国的现代化道路继承了马克思辩证唯物主义自然观，把握了自然界是自然史和人类史的二重统一，以动态的眼光审视自然界的永续变化，进而充分发挥人类的能动作用，依靠自然、利用自然，长期维护人与自然的共生关系，开启社会主义绿色可持续的发展进程。并且，中华文化自古就有“天人合一”“道法自然”“依时而动”的生态文明理念，“尊重自然、顺应自然、保护自然，是全面建设社会主义现代化国家的内在要求”①。中国式现代化坚持人与自然和谐共生的发展逻辑，持续推进经济发展方式转变、积极构建生态文明制度保障体系，宣扬人与自然和谐共生的价值理念，以整体性思维造就人与自然的共同体发展形式，统筹协调人类个体、人类社会、自然环境三方利益，造就人类文明良性可持续的发展典范。

第五，中国式现代化是走和平发展道路的现代化，摒弃和超越了西方对外扩张掠夺的现代化道路。西方国家的崛起和现代化发展源于残酷的对外扩张和掠夺。地理大发现建立起人类跨越大陆与海洋的世界性交往模式，在东西方文明的碰撞之中，西方国家奉行殖民主义、自由贸易主义，对落后

① 习近平．高举中国特色社会主义伟大旗帜　为全面建设社会主义现代化国家而团结奋斗：在中国共产党第二十次全国代表大会上的报告 [M]．北京：人民出版社，2022：49–50.

地区进行侵略和掠夺，完成了资本的原始积累。而后，因掠夺而率先兴起的西方资本主义各国又以帝国战争为手段，在世界范围内发动了更为深刻持久的掠夺和剥削，给世界人民带来了巨大苦难。时至今日，西方的现代化道路依旧带有浓厚的对外扩张和暴力掠夺色彩，西方国家奉行大国沙文主义，以政治霸权和经济强权极力推行单边主义，遏制发展中国家、打压第三世界国家，通过世界资本体系不断向外攫取发展利益。就结果而言，西方掠夺式的现代化严重违背人道主义精神，不断解构着各地区原有的稳定发展模式，不断冲击着相对和平的世界发展格局，是造成现今人类文明现代化整体失衡的重要原因。中国式现代化秉承独立自主的发展策略，高举和平共进的鲜明旗帜，以身作则坚持推进人类命运共同体建设，以自我奋斗成果惠及世界，同时在世界文明的友善交往中汲取养分，开拓稳定和谐的现代化发展新道路。中国始终坚持和平、发展、公平、正义、民主、自由的全人类共同价值，践行共商共建共享的全球治理观，积极推动构建人类命运共同体，推动全球治理体系朝着更加公正合理的方向前进；通过推进高质量共建“一带一路”，创造发展新机遇，谋求发展新动力，拓展发展新空间；尊重不同民族的文化差异和不同国家的发展选择，推动文明交流互鉴与对话协商，倡导通过和平方式解决国际和地区争端，始终做世界和平的建设者、全球发展的贡献者、国际秩序的维护者、公共产品的提供者。因此，中国式现代化为人类社会提供了以文明和谐克服“文明冲突”的路径。

总之，现代化是人类社会发展的一个历史潮流和必然趋势，中国曾经被这个西方国家所主导的潮流冲击，甚至遗弃。这是 1949 年新中国成立之前一个多世纪里中华民族遭受苦难和屈辱的缘由，也是此后半个多世纪里中国发生翻天覆地巨变的动力。尽管直至今日，人们对现代化的内涵和本质莫衷一是，但是近 300 年世界现代化历史演进所锤炼的共识是：从农业文明向工业文明转变，从传统社会向现代社会转变，从传统人向现代人转变，是世界各国、各地区、各民族的共同发展愿景。中国式现代化是我们党领导全国各族人民在长期探索和实践中历经千辛万苦、付出巨大代价取得的重大成果，其中所蕴含的独特世界观、价值观、历史观、文明观、民主观、生态观等理念及伟大实践，是对世界现代化理论和实践的重大创新。

对历史最好的继承，就是创造新的历史；对人类文明最大的礼敬，就是创造人类文明新形态。习近平指出：“人类社会创造的各种文明，都闪烁着璀璨光芒，为各国现代化积蓄了厚重底蕴、赋予了鲜明特质，并跨越时空、超越国界，共同为人类社会现代化进程作出了重要贡献。中国式现代化作为人类文明新形态，与全球其他文明相互借鉴，必将极大丰富世界文明百花园。”[①] 现代化的巨轮已在中国大地上走过了70 多个年头。70 多年间，社会主义现代化建设在中华大地上绘就了一幅壮美的画卷，国家从贫穷落后到繁荣富强，人民生活从温饱不足到总体小康。社会主义中国探寻出了一条与资本主义现代化模式迥异的现代化道路，既展示了社会主义的巨大优越性，也正在创造全新的人类文明形态。

① 习近平．携手同行现代化之路：在中国共产党与世界政党高层对话会上的主旨讲话[N]．人民日报，2023-03-16（2）.

第二章

中国式现代化：物质文明和精神文明相协调

中国式现代化是我们党领导全国各族人民在长期探索和实践中历经千辛万苦、付出巨大代价取得的重大成果，“既有各国现代化的共同特征，更有基于自己国情的鲜明特色”。“中国式现代化是物质文明和精神文明相协调的现代化。物质富足、精神富有是社会主义现代化的根本要求。物质贫困不是社会主义，精神贫乏也不是社会主义。”[①]物质文明和精神文明协调发展是社会主义的根本要求。百余年来，我们党始终坚持物质文明与精神文明均衡发展、相互促进的建设理念，坚持以辩证的、全面的、平衡的观点正确处理物质文明和精神文明的关系，在中国特色社会主义伟大实践中始终坚持“两手抓、两手都要硬”。新时代新征程，只有推进物质文明和精

① 习近平．高举中国特色社会主义伟大旗帜　为全面建设社会主义现代化国家而团结奋斗：在中国共产党第二十次全国代表大会上的报告 [M]．北京：人民出版社，2022：22，22–23．

神文明比翼双飞，才能实现家家仓廪实、衣食足，人人知礼节、明荣辱，达成以中国式现代化全面推进中华民族伟大复兴的使命任务。

一、只有社会主义国家才能真正达到高度的文明

文明是人类认识和改造世界的实践及其成果。马克思主义从唯物史观把握人类文明，认为文明发展是一个自然历史过程，有其内在的本质和发展规律。18 世纪英国爆发第一次工业革命，标志着资本主义主导的现代文明开启。然而，资本主义及其文明存在着无法克服的内在矛盾和发展局限。社会主义代替资本主义是人类社会历史发展的必然趋势。社会主义不仅要替代和超越资本主义，改变和重释现代文明的内涵，而且要深化和开拓人类文明的新道路。

（一）理解马克思主义文明观

文明是马克思主义一直以来高度关注的重大理论命题和

时代课题，马克思主义经典作家和中国共产党人在理论思辨和实践探索中形成了底蕴丰厚、博大精深的马克思主义文明观。全面掌握马克思主义文明观对于推进物质文明和精神文明协调发展具有重大的理论意义和重要的实践价值。

文明是什么？马克思、恩格斯在他们的著作中进行了丰富和深刻的理论阐发。1844 年，恩格斯在《英国状况·十八世纪》中，将“文明”解读为“实践的事情”和“社会的素质”①，这意味着文明绝不仅仅是单一的精神产品或文化形态，而必然是一个囊括物质、文化、社会结构、政治生活等全部人类历史成果的综合性范畴。1847 年，马克思在《哲学的贫困》中做出了“文明的果实”是“已经获得的生产力”②这一重要论断，标志着马克思、恩格斯已经完全抛弃了文明理解上的理性主义倾向，将生产力发展作为文明前进的主要动力，并提出生产力发达是实现人类解放的必要条件。1848 年，他们在《共产党宣言》中指出：“资产阶级，由于一切生产工具的迅速改进，由于交通的极其便利，把一切民族甚至最野蛮的民族都卷到文明中来了。”③这里所讲的“文明”，是指人类社会生活的开化和进步状态。1884 年，恩格斯在《家庭、私有制和国家的起源》中指出：“文明时代是

① 马克思，恩格斯．马克思恩格斯文集：第 1 卷 [M]．北京：人民出版社，2009：97.

② 马克思，恩格斯．马克思恩格斯文集：第 1 卷 [M]．北京：人民出版社，2009：613.

③ 马克思，恩格斯．马克思恩格斯文集：第 2 卷 [M]．北京：人民出版社，2009：35.

学会对天然产物进一步加工的时期，是真正的工业和艺术的时期。”[①] 与此同时，恩格斯还批判地指出，“文明时代的基础是一个阶级对另一个阶级的剥削”[②]。这对于我们正确地、全面地认识一切剥削阶级，特别是资本主义的“文明”有深刻的启迪。最后，马克思、恩格斯在他们的著作中，还科学地预见了未来共产主义社会的高度文明，那将是物质财富极大丰富，人民精神境界极大提高，每个人自由而全面发展的社会。总的来说，马克思、恩格斯关于文明的理解始终伴随着唯物史观生发演化，这成为其分析探究人类历史规律图景的重要支撑和核心内容，最终实现了对资本主义文明的系统考察与科学批判，为人类文明指明了共产主义的发展方向。

列宁继承和发展了马克思、恩格斯的文明观，在新的历史条件下，提出了经济文化相对落后的国家如何建设社会主义文明的问题，从而翻开了人类文明发展史上划时代的一页。首先，列宁肯定了资产阶级文明的成果，同时深刻地揭露了资产阶级文明的本质。十月革命胜利后不久，他在《给美国工人的信》中指出：“资产阶级的文明已经结出了累累硕果。美国就人的联合劳动的生产力发展水平来说，就应用机器和一切最新技术奇迹来说，都在自由文明的国家中间占第一位。

① 马克思，恩格斯．马克思恩格斯文集：第 4 卷 [M]．北京：人民出版社，2009：38.

② 马克思，恩格斯．马克思恩格斯文集：第 4 卷 [M]．北京：人民出版社，2009：196.

同时美国也成了贫富最悬殊的国家之一，在那里，一小撮亿万富翁肆意挥霍，穷奢极欲，而千百万劳苦大众却永远濒于赤贫境地。”[①]随后，在1920年发表于《真理报》上的《迎接国际劳动妇女节》一文中，列宁十分明确地提出：“只有无产阶级专政，只有社会主义国家才能够达到而且已经达到了高度的文明。”[②]这里所说的“高度的文明”，内在包含着物质文明与精神文明的辩证统一。此外，列宁还指出，只有马克思主义才能给无产阶级指明摆脱精神奴役的出路。因此，1920年，在《青年团的任务》一文中，他把学习共产主义、掌握各种知识、培养共产主义道德和成为自觉的有纪律的劳动者四个方面作为一个完整的要求，向共青团员和全体青年提出来。其着眼点就是提高青年一代的素质，培养更多对苏维埃俄国有用的人才。列宁这一重要的思想保证了建设社会主义文明的正确方向。最后，在列宁所有关于社会主义文明的论述中，有一处是以公式的形式来概括的，即1918年春他在《〈苏维埃政权的当前任务〉一文的几个提纲》中提出的：“苏维埃政权+普鲁士的铁路秩序+美国的技术和托拉斯组织+美国的国民教育等等等等++=总和=社会主义。”[③]在列宁那里，社会主义公式所表达的真实意思是：社会主义是在代表

① 列宁．列宁选集：第3卷[M]．3版修订版．北京：人民出版社，2012：557-558．

② 列宁．列宁全集：第38卷[M]．2版增订版．北京：人民出版社，2017：210．

③ 列宁．列宁全集：第34卷[M]．2版增订版．北京：人民出版社，2017：520．

人民根本利益的政权领导下由各类先进文明所构成的有机的社会系统。这无疑是对马克思、恩格斯社会主义思想的大大丰富和发展，不仅为人们深入认识社会主义文明提供了崭新的视角，更在某种程度上深刻揭示了社会主义文明的本质和发展规律。

早期中国共产党人的文明观与我国新民主主义革命以及社会主义革命和建设的伟大实践紧密联系。毛泽东的文明观以马克思主义文明观作为指导，在为人民谋幸福、为民族谋复兴的实践中形成、发展，思想深邃，内涵丰富。在新民主主义革命时期，毛泽东的文明观的运用和发展突出表现为三个方面：第一，揭露资产阶级“文明”的本质。毛泽东曾明确指出：“美国确实有科学，有技术，可惜抓在资本家手里，不抓在人民手里，其用处就是对内剥削和压迫，对外侵略和杀人。”①第二，大力宣传共产主义。他说：“共产主义是无产阶级的整个思想体系，同时又是一种新的社会制度。这种思想体系和社会制度，是区别于任何别的思想体系和任何别的社会制度的，是自有人类历史以来，最完全最进步最革命最合理的。”②第三，提出和实践新民主主义文化。毛泽东指出：“所谓新民主主义的文化，一句话，就是无产阶级领导的人民

---

① 毛泽东．毛泽东选集：第 4 卷 [M]．2 版．北京：人民出版社，1991：1495.

② 毛泽东．毛泽东选集：第 2 卷 [M]．2 版．北京：人民出版社，1991：686.

大众的反帝反封建的文化。”[①]从我们现在的眼光来看，新民主主义文化就是社会主义精神文明的胚胎。在新中国诞生之际，毛泽东向全世界庄严宣告：“随着经济建设的高潮的到来，不可避免地将要出现一个文化建设的高潮。中国人被人认为不文明的时代已经过去了，我们将以一个具有高度文化的民族出现于世界。”[②]毛泽东的这个预言，正在一步一步地变成现实。在社会主义革命和建设时期，以毛泽东同志为核心的党的第一代中央领导集体，从理论和实践上解决了在中国这样一个占世界人口近四分之一的、经济文化落后的大国中建立社会主义制度的艰难任务，创造了建设社会主义文明的重要前提条件。此外，他还提出了一系列文化建设思想，比如思想政治工作是经济工作和一切工作的生命线，要发展民族的、科学的、大众的文化，实行百花齐放、推陈出新、古为今用、洋为中用的文化建设方针等等。所有这些都是我们当前加强社会主义“两个文明”建设应当重视的宝贵财富。

邓小平对文明也有全新且深刻的阐释。他对人类文明问题的论述包括以下六个方面的内容：一是文明是人的生存方式，标志着人类的进步状态；二是文明是物质生产和精神生产的成果；三是文明与文化不同，文明主要是新生活方式的发明，文化则是文明的普遍化，即推广和普及；四是文明是

---

① 毛泽东．毛泽东选集：第 2 卷 [M]．2 版．北京：人民出版社，1991：698.

② 毛泽东．毛泽东文集：第 5 卷 [M]．北京：人民出版社，1996：345.

一种历史的产物；五是文明是人的本质的展现，文明的最高形态是共产主义文明；六是文明具有地方性和多样性，也具有世界性和普遍性。

邓小平还对建设社会主义物质文明和精神文明做出了重要论述，最具代表性的是 1983 年 4 月 29 日他在会见印度共产党（马克思主义）中央代表团时的讲话。他说："在社会主义国家，一个真正的马克思主义政党在执政以后，一定要致力于发展生产力，并在这个基础上逐步提高人民的生活水平。这就是建设物质文明。过去很长一段时间，我们忽视了发展生产力，所以现在我们要特别注意建设物质文明。与此同时，还要建设社会主义的精神文明，最根本的是要使广大人民有共产主义的理想，有道德，有文化，守纪律。国际主义、爱国主义都属于精神文明的范畴。"[①] 党的十二大报告集中体现了邓小平的这一思想，深刻阐明了社会主义建设中物质文明与精神文明的辩证关系，即"物质文明的建设是社会主义精神文明的建设不可缺少的基础。社会主义精神文明对物质文明的建设不但起巨大的推动作用，而且保证它的正确的发展方向。两种文明的建设互为条件，又互为目的"[②]。这样，"两个文明"建设就成为推动中国特色社会主义事业顺利前进的

① 邓小平．邓小平文选：第 3 卷 [M]．北京：人民出版社，1993：28．

② 中共中央文献研究室．改革开放三十年重要文献选编：上 [M]．北京：中央文献出版社，2008：274．

两个轮子。继邓小平之后，我们党的历届领导人都十分注重“两个文明”一起抓，这是中国经济社会 40 多年来稳定高速发展的重要根基和宝贵经验。

党的十八大以来，习近平关于文明的一系列重要论述系统回答了当代中国和世界要建设什么样的文明和怎样建设中国文明和人类文明的根本性问题。具体来说，习近平的文明观主要包括五个方面的内容：第一，深刻指明了建设中华民族现代文明的重大意义和根本遵循。在人类文明绚丽多彩的百花园中，中华文明历尽沧桑而薪火相传，是革故鼎新、辉光日新的文明。在强国建设、民族复兴的新征程上，中华民族需要何种现代文明、怎样建设现代文明，是关乎中华文明发展走向、关乎中华民族伟大复兴的重大问题。习近平在《在文化传承发展座谈会上的讲话》中指出：“中国式现代化赋予中华文明以现代力量，中华文明赋予中国式现代化以深厚底蕴。”① 习近平文化思想中关于中华文明突出特性、“第二个结合”、中华民族现代文明、文化强国等重要论述，深刻阐明了中华文明与中国式现代化相互融通、彼此成就的历史逻辑、理论逻辑和实践逻辑，为我们在五千多年中华文明深厚基础上推进中国式现代化、建设中华民族现代文明提供了根本遵循。第二，全面阐述了人类文明的基本

① 习近平. 在文化传承发展座谈会上的讲话 [J]. 求是，2023（17）：9.

特征。习近平指出："我们要树立平等、互鉴、对话、包容的文明观，以文明交流超越文明隔阂，以文明互鉴超越文明冲突，以文明共存超越文明优越。"[①] 这一关于文明观科学内涵的重要论断，深刻揭示了人类文明的基本特征，即多样性、平等性、包容性与创新性。第三，提出构建人类文明新形态的伟大构想。人类文明新形态所具有的丰富科学内涵概括为一句话就是实现经济、政治、文化、社会、生态五个文明的协调发展。第四，倡导弘扬全人类共同价值。习近平指出，"和平、发展、公平、正义、民主、自由，是全人类的共同价值"[②]。和平与发展是我们的共同事业，公平正义是我们的共同理想，民主自由是我们的共同追求。弘扬全人类共同价值，推动构建人类命运共同体，必将引领世界进入一个崭新的文明时代。第五，提出共同创造世界文明美好未来不仅是我们的使命责任，也是各国人民的共同期待。正如习近平所说："我们要尊重各种文明，平等相待，互学互鉴，兼收并蓄，推动人类文明实现创造性发展。"[③] 对此，我们党做了大量卓有成效的工作，坚定文明自信，弘扬中华优秀文化；深入推进中国特色大国外交，提出推动构建人类命运共同体，构建新型国际关系；加强政党合作，共建人类

---

① 习近平. 习近平谈治国理政：第 3 卷 [M]. 北京：外文出版社，2020：441.

② 习近平. 习近平谈治国理政：第 2 卷 [M]. 北京：外文出版社，2017：522.

③ 习近平. 习近平谈治国理政：第 2 卷 [M]. 北京：外文出版社，2017：525.

文明。

中国特色社会主义已经进入新时代，新时代需要新的文明观。从 2014 年春首次在联合国教科文组织总部发表关于“多彩、平等、包容”的新文明观的著名演讲，到 2017 年在联合国日内瓦总部发表关于《共同构建人类命运共同体》的主旨讲话，再到2023年3月提出“全球文明倡议”①，习近平在不同场合围绕文明问题提出了一系列新思想新理念新主张，丰富和拓展了马克思主义文明观，逐渐形成了系统完整、独具特色的新时代文明观。可以说，习近平新时代文明观不仅为实现中华民族伟大复兴、建设中华民族现代文明提供了理论指导和思想资源，也为“推动人类社会现代化进程、繁荣世界文明百花园”②贡献了丰富的中国智慧。

（二）辩证看待资本主义文明

资本主义社会制度取代封建社会制度，正像奴隶社会制度取代原始氏族社会制度、封建社会制度取代奴隶社会制度一样，是一种客观必然的历史过程。因此，封建社会发展到

① 习近平．携手同行现代化之路：在中国共产党与世界政党高层对话会上的主旨讲话[N]．人民日报，2023-03-16（2）.

② 习近平．携手同行现代化之路：在中国共产党与世界政党高层对话会上的主旨讲话[N]．人民日报，2023-03-16（2）.

资本主义社会是人类社会历史发展的又一巨大进步。马克思、恩格斯对此也充分肯定，他们在《共产党宣言》中指出：“资产阶级在它的不到一百年的阶级统治中所创造的生产力，比过去一切世代创造的全部生产力还要多，还要大。自然力的征服，机器的采用，化学在工业和农业中的应用，轮船的行驶，铁路的通行，电报的使用，整个整个大陆的开垦，河川的通航，仿佛用法术从地下呼唤出来的大量人口——过去哪一个世纪料想到在社会劳动里蕴藏有这样的生产力呢？”[①] 这里，我们可以从三个方面具体看待资本主义文明的历史进步性。

第一，资本主义文明变革了封建社会的小生产方式，推动了社会生产力的大幅度发展。一是生产资料的资本主义私有制保障了财产的安全，从而形成了对财富的激励，实现了财富的巨额积累。二是自由的资本主义企业制度提供了创新土壤，创新的企业掀起了资本主义一次又一次产业革命与重大技术创新的浪潮，推动资本主义经济不断发展。三是资本主义的雇佣劳动制度使劳动成为“自由劳动”，提高了劳动生产率。四是经济全球化导致了销售、资本、劳动力等世界市场形成，大大拓展了资本主义的发展空间。五是资本主义生产关系的自我调节促使其社会生产力不断释放。

① 马克思，恩格斯．马克思恩格斯文集：第 2 卷 [M]．北京：人民出版社，2009：36.

第二，资本主义文明实行了比封建社会更加进步的民主政治制度，使民众享有更多社会政治自由。资本主义民主制的国家在不危及资本主义国家安全和资产阶级根本利益的前提下，给予了民众一定的选举、言论、出版、集会、结社、游行示威等权利和自由。对此，我们应当坚持辩证批判的态度。资本主义政治制度使人民群众享有了比封建专制主义条件下更多的社会政治自由，在其实践中也积累了相当丰富的政治统治和社会管理经验，这是具有历史进步意义的。但资本主义政治制度本质上是为资产阶级服务的，是服从于资产阶级统治和压迫需要的政治工具，这是我们必须清醒认识和坚定批判的部分。

第三，资本主义文明促进了自然科学和人文社会科学的大发展、大繁荣。资本主义文明的第三大历史性进步，主要表现在思想理念和科学文化教育上。思想的大解放促进自然科学和人文社会科学的大发展、大繁荣。它创造了空前灿烂的资本主义文化，促进了科学和技术的飞速发展，极大地改变了人类的文化素质和社会价值观念。对于资本主义文化，我们要坚持批判继承的方针，博采各国文化之长，同时要坚决抵制和摒弃资本主义文化中一切腐朽的东西。

资本主义生产关系建立后虽把人类社会生产力推到了一个前所未有的高度，但资本主义从产生之日起，就存在着自身不可能解决的基本矛盾，即生产社会化与资本主义私人占有制之间的矛盾。正是资本主义的基本矛盾和这一基本矛盾在其他各方面的各种矛盾冲突，在推动资本主义发展的同时，也形成了对资本主义发展的限制，导致资本主义文明出现各种难以解决的弊端与危机。

第一，结构性经济危机日益突出，信用危机和治理危机持续恶化。结构性经济危机于20世纪下半叶逐渐形成并在最近20年频繁出现，具体是指由于不同生产部门、生产性企业和非生产性企业等之间的比例平衡被打破，经济内在稳定增长的机制受到阻碍而形成经济危机，它表现为有些部门生产过剩、有些部门生产不足。“资本主义危机不仅表现在金融领域，而且涉及制造业、国际贸易，进而影响到社会结构和社会关系，以致出现价值观危机和文化危机。美国利用掌握金融手段的便利不断转嫁危机，这不仅导致欧洲经济出现紊乱，而且引起世界性的贸易萎缩和经济下行。……美国虽然最早脱离险境，但只是解决了表面问题，对造成危机的结构性问题依然束手无策，更无法解决失业率高和贫富分化的难题。……皮尤研究中心2015年12月的一份报告指出：‘高收入家庭的收入占到美国2014年总收入的49%，比1970年的29%有所上升。中等收入家庭的收入在2014年占到43%，比1970年的62%显著下降。’处于资本主义世界边缘的国家处境更加困难。比如，巴西经济已连续多年负增长，仰仗石油富甲天下的沙特阿拉伯等国也开始进行结构性调整。”[①] 最新一轮资本主义危机突出表现为信用危机和治理危机。有人将 20 世纪 70 年代后资本主义国家的财政状况形容为“食之者众，生之者寡；用之者疾，为之者舒”[②]，这与我国古代“生之者众，食之者寡；为之者疾，用之者舒”[③]的节制财政思想截然相反。这种状况自然无法持久，不可避免地导致债务危机。有研究者指出，国际金融危机爆发以来，几乎所有发达资本主义国家的主权债务负担率（主权债务占国内生产总值的比重）都呈大幅上升之势：大部分发达资本主义国家超过了 60% 的国际警戒线，不少国家甚至超过了 80% 甚至 90% 的高压线[④]。

第二，政局动荡，民粹主义高涨，政府运转失灵。从政党制度看，多党轮流执政、政党分肥、政党攻讦造成政局动荡，暴露出西方政党政治的严重弊病。在选举中，各政党为吸引选民而轻率许诺，相互指责谩骂；获胜的政党对支持者投桃报李、论功行赏，对政府公共资源随意分配，就像战争中的获胜者瓜分战利品一样。这种政党分肥、党争不断却不解决民众实际问题的政党制度，招致西方民众的极大不满。

---

① 韩震．资本主义制度劣质化的必然结果 [N]．人民日报，2017-01-22（5）．

② 毛泽东．毛泽东文集：第 2 卷 [M]．北京：人民出版社，1993：466．

③ 李大钊．李大钊全集：第 3 卷 [M]．北京：人民出版社，2013：289．

④ 苏长和．辩证看待资本主义系统性危机 [N]．人民日报，2017-01-22（5）．

从选举制度看，每隔几年上演一次的总统、州长、议员等选举，日益沦为富豪、权贵角逐的把戏和滋生民粹主义的温床。美国《纽约时报》和全国广播公司联合进行的一次调查显示，至少 84% 的选民认为，如今的美国选举中流入了“太多金钱”；85% 的选民认为，除非改革或彻底重建美国的选举制度，否则无法改变“金钱政治”的状况。统治阶级既要维护资产者的自由民主权利以及少数人的特权，又要利用大众的非理性及其手中的选票来支持自己。这种对民粹既排斥又利用的两面性，使西方所谓的“普选民主”走进了死胡同。从政府体制看，党派竞争常常异化为政治恶斗，“三权分立”蜕变为权力掣肘，“否决政治”一再上演，使政府不能就经济社会重大问题及时做出决策，甚至出现运转失灵的情况。在西方发达国家内部，议会、政府和法院常常相互拆台、打架，政府债台高筑、运转失灵，根本没有实现民主的现实基础；西方民主输出到中东、苏东等地区，造成经济萧条和社会冲突。可以说，西方政治制度和治理模式进入了一个“回潮期”或“衰退期”[①]。

第三，道德严重滑坡，极端价值观泛滥，社会危机持续恶化。资本主义文明奉行个人利益至上的标准，追求个人利益最大化。由此而产生对个人主义、自由主义等价值观的片

① 罗文东．西方国家民主权利和公民自由连续退步 [N]．人民日报，2017-08-06（8）.

面强调，每个人应该有权利追求各自独特的生活方式，人与人之间只存在自愿的平等交换关系，这种道德观使越来越多的资本主义社会民众认为道德属于私人事务，道德日益成为独属于个人内心世界的东西。极端表现就是一些西方年轻人只顾个人自身好恶，丝毫不顾善恶对错，完全游离于道德之外。此外，还存在利己主义、享乐主义价值观的泛滥失控，造成严重的社会道德滑坡。利己主义的盛行，使资本主义社会的整个社会关系被简单化、片面化为买或卖的交换关系。享乐主义的价值观把获取更多的物质享受作为人生的终极目的，幸福被简单地等同于财富，赚钱似乎成为人生的唯一目的。受这种利益动机的驱使，腐败、欺诈、诽谤等社会道德问题滋生。在社会层面上，资本逻辑必然导致贫富两极分化。从 20 世纪 70 年代中期开始，在第二次世界大战后经济繁荣的掩盖下，美国进入新一轮贫富差距扩大的快车道，社会财富分配极度不均，社会结构已从橄榄型逐渐转向金字塔型，标志着资本主义世界的社会分化日益严重。贫富分化严重、社会不公加剧，必然导致社会危机恶化。近年来，一些资本主义国家的社会治安状况令人担忧。在美国，普通民众的不安全感与日俱增，其中既有对恐怖主义的恐惧，又有对各种枪击案件频发和警察野蛮执法甚至枪击无辜百姓的担忧。更普遍的是，多数家庭生活水平下降，对退休后能否过上体面生活感到焦虑不安。归根结底，普通民众对西方社会将走向何方感到迷茫，对现有体制缺乏信心。

第四，资本至上逻辑造成严重的环境污染和生态危机。我们已经看到，资本主义的大量废弃、大量消费、大量生产导致了资源枯竭、环境恶化和全球性生态危机。其深层原因在于，资本主义制度的本性就是追求无限增殖扩张，追求利润的最大化。而资本增殖是建立在无止境地利用自然资源和无止境地向自然界投放垃圾的基础之上的。但是，自然界的许多资源是不可再生的，自然界所能承载废品、垃圾的空间也是有限的，是不会自我扩张的。这样就必然带来资本主义生产和消费无限扩大与自然界承载能力之间的尖锐矛盾，必然超出生态系统所能承受的极限，最终引发生态危机。同时，由于资本的全球扩张，几个国家的生态危机已经演化为全球生态危机。因为在全球化的推进中，虽然发达资本主义国家可以把污染程度高的产业转移到发展中国家，把垃圾转运到发展中国家，但是生态系统的各要素是不以人的意志为转移的，大气圈、水圈是无国界限制的。如 1986 年的切尔诺贝利核泄漏事件，虽然切尔诺贝利位于乌克兰基辅市的郊区，但是在这次事件中，西欧各国及世界大部分地区都检测到了核电站泄漏的放射性物质，核污染飘尘也使邻国遭受了严重的灾难。正如未来学家阿尔温·托夫勒所指出的："可以毫不夸张地说，从来没有任何一个文明，能够创造出这种手段，能够不仅摧毁一个城市，而且可以毁灭整个地球。”[①]可以说，目前所出现的生态问题，即造成生态危机的原因归根结底是资本主义制度。

（三）社会主义是超越资本主义的文明新形态

社会主义文明具有以往人类文明无法比拟的优越性。但社会主义文明的优越性并不会随着社会主义制度的确立而自动得到体现，还必须在各国社会主义的具体实践中、在与资本主义国家的比较中得到实践和彰显。

第一，社会主义文明是发展先进经济关系和社会关系的新文明。社会主义所构建的经济关系和社会关系，已经超出了资本主义生产的无序状态和危机的恶性循环，它不仅在人与自然关系的主动地位上，将人类从动物世界中提升出来，还在人类所建立的经济关系和社会关系的自觉地位上，将人类从动物世界中提升出来——人们不再被自己创立的经济关系和社会关系所奴役，而是成为自己的经济关系和社会关系的主人。中国作为一个社会主义国家，在经济关系方面，在社会主义初级阶段，所采取的是社会主义市场经济制度，它

① 阿尔温·托夫勒．第三次浪潮 [M]．朱志焱，潘琪，张焱，译．北京：生活·读书·新知三联书店，1983：175.

既能充分利用市场经济的效率和灵活性，又能把资金膨胀所带来的混乱和盲目限制在规划的控制之下，使其能发挥市场和规划的双重作用，从而有效地避免了周期性的经济危机；在社会关系方面，致力于建设“真正的共同体”。人在经济关系和社会关系中摆脱了资本逻辑的控制，可以从更高的角度对自己所创建的经济关系和社会关系进行思考，知道怎样去看待人，知道积极主动地构建人与外部世界的关系，也知道人与人之间的社会关系如何运转。从这一点来看，社会主义的现代文明是对资本主义的现代文明的一种超越。

第二，社会主义文明是创造生产和劳动新价值的新文明。人类的存在与发展是在实践中进行的，特别是在劳动中进行的。人类在劳动中获得了为自己的发展而存在的物质需求与价值满足。然而，在资本主义文明中，伴随着工业革命的结束，人类生产活动的规模渐渐超过了大自然所能承受的极限，大自然变成了人类获取经济财富的原料来源和废料处理厂。而人们在物质享乐与压迫劳动之间的割裂以及劳动与价值满足之间的分裂中，渐渐失去了自己的价值追求，精神生活变得单调而贫瘠。社会主义文明则把人类的活动保持在理性的限度之内，把“人的尺度”与“物的尺度”有机地结合在一起。在二者相一致的情况下的生产劳动，不是一种被动的、奴役的劳动，而是一种能够使人得到发展、得到自由的符合本质规律的劳动，它是一种使人得到解放的劳动。所以，社会主义的生产与劳动既是对自然规律的尊重，又是对自然规律的制约。人们的实践活动不再是以个人利益为中心，而是以整体利益为中心，以长远利益为中心，以美的法则为中心，以对人类社会最有利的方式来进行。

第三，社会主义文明是推行无产阶级专政的新文明。由无产阶级政党领导，建立无产阶级专政的民主国家制度，是科学社会主义的本质规定。所谓无产阶级专政就是工人阶级领导的，以工农联盟为基础的，对人民民主和对敌人专政相结合的国家政权。无产阶级专政是阶级斗争的必然结果，是资本主义社会向共产主义社会过渡的政治形式。无产阶级专政不仅仅是“阶级的专政”，更是“阶级的民主”，与资本主义少数人的民主不同，它是为绝大多数人谋利益的独立的新型民主和新型专政，更是实现广大无产阶级自身解放，进而实现全人类解放的制度方式。无产阶级政党的领导和无产阶级专政的民主国家的建立，为社会主义条件下每一个个体的生存和发展权利提供强力的政治保证。无产阶级专政的国家也是保障绝大多数人的生存和发展权益的民主国家。“无产阶级专政，向共产主义过渡的时期，将第一次提供人民享受的、大多数人享受的民主”[①]，将第一次为人的现代化创设“真正完全的民主”、真正完全的自由和真正完全的平等。

① 列宁．列宁选集：第 3 卷 [M]．3 版修订版．北京：人民出版社，2012：191-192．

第四，社会主义文明是实现人自由全面发展的新文明。人的解放和人的全面而自由的发展是社会主义文明的终极发展目标。实现每个人的自由全面发展，被马克思和恩格斯奉为取代资本主义的新的“社会形式”的“基本原则”和“未来社会的基本思想”。在马克思主义的视域中，人的全面而自由的发展是社会主义运动和制度的核心和灵魂。人的全面而自由的发展内含着多个层面的规定性：人的活动特别是人的劳动活动的全面发展，以及人的需要和能力的全面发展；人的社会关系的全面丰富、社会交往的普遍性和人对社会关系的全面占有与共同控制；人的素质的全面提高和个性的自由发展。社会主义本质上是通过解放生产力，发展生产力，消灭资本对人的剥削和奴役，扬弃物化和异化，最终实现人的全面而自由的发展的过程。当然，“人的自由全面发展”不是自然的产物，也不是抽象的浪漫主义的主观想象，而是以人类社会历史的发展为基础，是历史本身辩证运动的结果，是“消灭现存状况的现实的运动”，是人类从“必然王国”向“自由王国”飞跃的过程。

第五，社会主义文明的优越性归根结底要靠“实践来证明”。社会主义文明具有以往人类文明无法比拟的优越性。在马克思的具体论述中，这种优越性集中体现在新的文明形态为先进生产力的发展提供了广阔空间，而旧的文明形态中的生产关系却“不再适应已经发展的生产力了”的情况下。俄国十月革命的胜利是社会主义取代资本主义的胜利，标志着科学社会主义由理论变成了现实。但社会主义文明的优越性并不会随着社会主义制度的确立而自动得到体现，还必须在各国社会主义的具体实践中、在与资本主义国家的比较中得到彰显。邓小平指出："社会主义是一个很好的名词，但是如果搞不好，不能正确理解，不能采取正确的政策，那就体现不出社会主义的本质。"[①]在邓小平看来，中国是在一穷二白的基础上开始社会主义建设实践的，只有"分三步"走，真正建成一个现代化国家，才可以大胆地说社会主义优于资本主义，而现在需要办的事情，就是证明社会主义优于资本主义。

由此可见，社会主义文明的优越性是一个整体性概念。相对于资本主义，社会主义需要在物质文明、政治文明、精神文明、社会文明、生态文明等方面都具有比较优势。其中物质文明方面的优越性是基础性优势，精神文明方面的优越性是引领性优势，社会文明方面的优越性则是本质性优势。所以，"综合国力"才是衡量社会主义优越性发挥程度的权威标准，社会主义优越性不仅要体现在拥有强大的硬实力上，还要体现在拥有强大的软实力上，最终要体现在人民共享更美好生活上。

---

① 邓小平．邓小平文选：第2卷[M]．2版．北京：人民出版社，1994：313．

二、物质富足、精神富有是社会主义现代化的根本要求

物质文明和精神文明是人类文明的两大基本形式。新时代新征程，应统筹推进物质文明和精神文明协调发展，牢牢把握物质富足、精神富有的根本要求。在社会主义现代化推进过程中，始终贯彻“物质贫困不是社会主义，精神贫乏也不是社会主义”的科学信念，进一步解放和发展物质生产力和精神生产力，扎实推动物质生活富裕和精神生活富裕取得新进展。

（一）物质文明和精神文明的辩证关系

“文明是实践的事情”[①]，物质生产和精神生产是人类文明开始的前提。物质生产是人所需要的生活资料的生产以及人自身的生产；精神生产是人有意识地进行的精神生活资料和

① 马克思，恩格斯．马克思恩格斯文集：第 1 卷 [M]．北京：人民出版社，2009：97.

观念体系的创造，它是体力劳动和脑力劳动分工后由专门从事精神产品生产的脑力劳动者阶层所创造的。物质文明是物质生产的进步成果，是整个社会文明系统中最为重要也最为基础的文明形式。其主要内容包括社会生产力状况、社会生产的总规模、社会物质财富的积累以及人的物质生活条件等方面。精神文明是精神生产的进步成果，即人类精神财富的总和，具体表现为教育、科学、文化知识等科学文化素质和思想、政治、道德水平等思想道德素质。

要理解物质文明与精神文明的辩证关系，需要先搞清楚物质生产与精神生产的辩证关系。物质资料生产活动是人类生存、发展的基础。物质生产"这种活动、这种连续不断的感性劳动和创造、这种生产，正是整个现存的感性世界的基础，它哪怕只中断一年"，"不仅在自然界将发生巨大的变化，而且整个人类世界也将失去存在的基础"[①]。物质财富的创造，是人类社会的永恒主题。从渔猎社会到农耕社会，从工业社会到信息智能社会，都是以人类创造的物质财富为基础的。因此，物质生产是人类一切活动的基础。人类的一切活动永远建立在物质基础之上，人类要在非物质生活方面获得更大的自由，就必须以更加丰富的物质财富为支撑。

所谓精神生产就是人的"思想、观念、意识的生产"，这

① 马克思，恩格斯．马克思恩格斯文集：第1卷[M]．北京：人民出版社，2009：529.

种生产“最初是直接与人们的物质活动，与人们的物质交往，与现实生活的语言交织在一起的”，并且“还是人们物质行动的直接产物。表现在某一民族的政治、法律、道德、宗教、形而上学等的语言中的精神生产也是这样”[①]。可见，精神生产是物质生产的产物，无论是一般的思想、观念、意识的生产，还是作为意识的高级形式的政治、法律、道德、宗教、形而上学，都是以物质生产为前提的。也就是说，“精神生产随着物质生产的改造而改造”[②]，独立于物质生产的精神生产是不存在的。

当然，精神生产作为一种特殊的生产形态，它绝不是消极的，而是能动地作用于物质生产，对物质生产的方向、过程及其主体产生重要影响的。但是，在以私有制为基础的阶级社会中，精神生产同物质生产往往是对立的，这种对立既是生产资料私有制的产物，也是阶级矛盾不可调和的结果。分工使得从事精神生产的权利被统治阶级中的一小部分人所垄断，他们不仅不用从事直接的物质生产劳动就能分享到足额的剩余劳动产品，还通过精神生产把这种权利神圣化、特殊化，使它成为一种支配劳动的权力。

物质文明和精神文明是辩证统一的，二者紧密联系、互相影响、互为条件，统一于人的具体实践活动。马克思在

① 马克思，恩格斯．马克思恩格斯文集：第 1 卷 [M]．北京：人民出版社，2009：524.
② 马克思，恩格斯．马克思恩格斯文集：第 2 卷 [M]．北京：人民出版社，2009：51.

《〈政治经济学批判〉序言》中指出："物质生活的生产方式制约着整个社会生活、政治生活和精神生活的过程。"[①]这是对物质文明的基础性作用的最好概括，鲜明指出了物质文明为精神文明提供物质条件和实践经验。具体而言，人类物质生产实践活动为精神文明的发展提供物质基础，"人们首先必须吃、喝、住、穿，然后才能从事政治、科学、艺术、宗教等等"[②]。物质生产活动是人类社会存在和发展的前提，物质资料的生产方式制约着包括精神生活在内的整个社会生活，决定着社会的性质及其发展方向。因此，物质文明是精神文明的物质前提。

任何精神生产和精神劳动，都是以物质生产和物质劳动为基础的，是受生产力发展水平制约的。恩格斯在 1890 年致康拉德·施米特的信中指出，"物质存在方式虽然是始因，但是这并不排斥思想领域也反过来对物质存在方式起作用"[③]。这鲜明指出了精神文明具有相对独立性，对于物质文明的发展具有内在的能动的反作用，能够为物质文明提供精神动力和智力支持。一方面，精神文明中的思想道德素质可以激发人们在实践活动中的积极性、主动性和创造性，为物质生产活动和物质文明的创造提供精神动力；另一方面，精神文明中

① 马克思，恩格斯．马克思恩格斯文集：第 2 卷 [M]．北京：人民出版社，2009：591.

② 马克思，恩格斯．马克思恩格斯文集：第 3 卷 [M]．北京：人民出版社，2009：601.

③ 马克思，恩格斯．马克思恩格斯文集：第 10 卷 [M]．北京：人民出版社，2009：586.

的科学文化素质可以转化为科学技术并通过科学技术来革新生产工具、拓展劳动对象并提升劳动者素质，进而为人们的物质生产活动和物质文明的创造提供智力支持。

同时，物质文明、精神文明的发展与经济发展不一定具有同步性。这是因为，精神文明同物质文明在发展上的不平衡性即相对独立性，有时表现为经济上先进的国家并不一定在精神文明上也先进；反之，经济上落后的国家有时在精神文明的一些方面却可能是先进的。恩格斯以 18 世纪的法国哲学思想比首先进行了资产阶级革命的英国哲学思想先进为例，说明“经济上落后的国家在哲学上仍然能够演奏第一小提琴”[①]。我国在建立了社会主义制度后，在建设物质文明的同时，之所以能够建立起高度的社会主义精神文明，一个很重要的有利条件就是我国是一个文明古国，中华民族是一个有光辉的文明积淀和丰厚的历史遗产的民族。

以历史唯物主义的视角来看，我国从社会主义初级阶段到更高阶段再到迈向共产主义，内在包含着物质文明和精神文明的辩证统一，既要有物质财富极大丰富的硬实力，也要有精神财富极大丰富的软实力。那种离开精神文明进步的单一物质文明发展，不是真正的社会主义现代化，也不符合社会全面进步的要求。只有物质文明和精神文明协同发展，才

---

① 马克思，恩格斯．马克思恩格斯文集：第 10 卷 [M]．北京：人民出版社，2009：599.

能创造经济的可持续增长和社会的全面进步，才有人的整体需要的不断满足和人的生活水平的全面提升。改革开放 40 多年来，我们一手抓物质文明建设，一手抓精神文明建设，大力解放和发展物质生产力和精神生产力，实现“两个文明”相互促进、协调发展，特别是创造性地以社会主义市场机制推动精神生产力的解放和发展，坚持把社会效益放在首位，社会效益和经济效益相统一，深化精神生产体制改革、推动精神生产蓬勃发展。因此，强大的物质力量和强大的精神力量，都是民族复兴的必要条件。实现中华民族伟大复兴，既需要物质文明的极大发展，也需要精神文明的极大发展，以实现中华文化的繁荣兴盛。

（二）物质贫穷不是社会主义，社会主义现代化需要强大的物质力量

在马克思主义经典作家的设想中，社会主义不应该是物质贫穷的。历史唯物主义认为，物质生活的生产是人类历史的首要前提，是人类社会存在和发展的基础。物质生产力是决定社会生产关系变迁与社会发展进步的最终力量。社会主义要超越资本主义，就一定要提高物质生产力水平，创造出更多的生产资料、生活资料，以实现社会物质财富快速增长，

从而为人民群众提供高质量的物质生活，最终摆脱贫困，实现共同富裕。

马克思、恩格斯认为，伴随着社会生产力的不断发展，社会主义最终必将战胜和取代资本主义，生产力发展的人民立场将替代资本立场，从而超越资本主义制度下的阶级对立和贫富对立。马克思、恩格斯在《共产党宣言》中指出：“在资产阶级社会里，活的劳动只是增殖已经积累起来的劳动的一种手段。在共产主义社会里，已经积累起来的劳动只是扩大、丰富和提高工人的生活的一种手段。”[①]在社会主义或共产主义社会，全体人民在生产资料共同占有的基础上共同劳动，协力推动生产力快速发展，并能共享发展成果，实现所有人的共同富裕和自由全面发展。

正如马克思在《政治经济学批判（1857—1858 年手稿）》中强调指出的，在社会主义制度下，“社会生产力的发展将如此迅速，以致生产将以所有的人富裕为目的”[②]。恩格斯在《反杜林论》中也指出：“生产资料的扩张力撑破了资本主义生产方式所加给它的桎梏。……生产资料由社会占有，……通过社会化生产，不仅可能保证一切社会成员有富足的和一天比一天充裕的物质生活，而且还可能保证他们的体力和智力获

① 马克思，恩格斯．马克思恩格斯文集：第 2 卷 [M]．北京：人民出版社，2009：46.

② 马克思，恩格斯．马克思恩格斯文集：第 8 卷 [M]．北京：人民出版社，2009：200.

得充分的自由的发展和运用”[①]。总之，社会主义社会不是物质贫穷的社会，而是以全社会的共同利益为中心，以解放和发展生产力为根本要求，不断夯实全体人民共同富裕的物质基础的美好社会。这是由社会主义的本质所决定的。

关于社会主义的本质或本质属性，我们党也是在历经了长时间的实践探索后才得出了科学的判断。实事求是地讲，在新中国成立以后的很长一段时间内，我们党对这个问题有过一定探索，比如毛泽东在《一九五七年夏季的形势》中就指出，“必须懂得，……只有经过十年至十五年的社会生产力的比较充分的发展，我们的社会主义的经济制度和政治制度，才算获得自己的比较充分的物质基础……社会主义社会才算从根本上建成了”[②]。这里已经有了把生产力作为社会主义物质基础的思考，但仍旧缺乏清晰的认识。直到改革开放后，邓小平才率先提出“贫穷不是社会主义”[③]的论断，告诉人们：不能把贫穷当成社会主义的本质属性。他深刻指出，“宁要贫穷的共产主义或社会主义，也不要富裕的资本主义。这是一种谬论，是对社会主义的歪曲甚至污辱。向穷的方向发展，

---

① 马克思，恩格斯．马克思恩格斯文集：第 9 卷 [M]．北京：人民出版社，2009：299．

② 中共中央文献研究室．建国以来重要文献选编：第 10 册 [M]．北京：中央文献出版社，1994：491．

③ 邓小平．邓小平文选：第 3 卷 [M]．北京：人民出版社，1993：64．

这不能叫社会主义”①。这让无数处于贫困中的中国人得以扔下沉重的思想包袱，逐步走上脱贫致富奔小康的道路。

物质贫穷不是社会主义，是从社会主义本质的层面强调——贫穷体现不了社会主义制度的优越性。说社会主义制度优越于资本主义制度，这是基于对社会发展规律深刻认识所得出的科学结论。在邓小平看来，社会主义社会是比资本主义社会更加优越的社会，它不仅不应该贫穷，而且还应该是解决贫穷的根本途径。所以，他指出：“只有社会主义制度才能从根本上解决摆脱贫穷的问题”②，“社会主义制度优越性的根本表现，就是能够允许社会生产力以旧社会所没有的速度迅速发展，使人民不断增长的物质文化生活需要能够逐步得到满足。……如果在一个很长的历史时期内，社会主义国家生产力发展的速度比资本主义国家慢，还谈什么优越性？”③人是社会主义的题中应有之义、价值指向与终极目标。贫穷虽是社会主义初级阶段所存在的一种社会事实，但并不应成为整个社会主义发展阶段的一种现象。从“人民日益增长的物质文化需要同落后的社会生产之间的矛盾”到“人民日益增长的美好生活需要和不平衡不充分的发展之间的矛盾”

① 中共中央文献研究室．邓小平年谱：1975—1997 [M]．北京：中央文献出版社，2004：724．

② 邓小平．邓小平文选：第 3 卷 [M]．北京：人民出版社，1993：208．

③ 邓小平．邓小平文选：第 2 卷 [M]．2 版．北京：人民出版社，1994：128．

的时代论断，都是将人在物质上的匮乏与精神文化上的贫穷的根除作为努力奋斗的方向。

与马克思、恩格斯原初设想的发达国家同时爆发革命的理论不同，社会主义革命首先在俄国、中国等经济文化比较落后的国家获得胜利。所以，我们建立社会主义制度后，一开始就要面对本国经济比发达的资本主义国家落后数百年的严酷现实。然而，摆脱落后并非绝无可能。虽然新中国脱胎于生产力并不发达的社会基础之上，却并不意味着社会主义制度的内在要求不具备去改变这种不发达生产力状况的初心，也并不意味着社会制度本身不具备去改变这种贫穷落后状态的条件与可能。社会主义的本质是富裕而不是贫穷，社会主义的目标是实现共同富裕。

现实中，扶贫攻坚与全面决胜小康就是在社会主义这个战场上进行的为实现社会主义最终目标而打响的两场不同的战斗。而在此战斗中，人既是战斗的主角又是战斗的对象，战斗所要摧毁的主要目标就是贫穷。我们要想进一步推进社会发展，就必须始终坚持把以经济建设为中心作为兴国之要，坚持把四项基本原则作为立国之本，坚持把改革开放作为强国之路，坚持进一步解放思想、进一步解放和发展社会生产力、进一步增强社会活力，在新的历史起点上再出发，全面深化改革，向顽瘴痼疾开刀，对利益藩篱说不，让人民群众有更多获得感。

总之，物质贫穷不是社会主义，社会主义相信发展才是硬道理，社会主义现代化需要强大的物质力量。生产力发展水平是衡量社会主义的重要标准，生产力发展的最好体现就是社会主义现代化建设持续进步，经济实力和综合国力不断增强。

（三）精神贫乏不是社会主义，社会主义现代化需要澎湃的精神力量

习近平指出，“共同富裕是社会主义的本质要求，是中国式现代化的重要特征。我们说的共同富裕是全体人民共同富裕，是人民群众物质生活和精神生活都富裕”，“促进共同富裕与促进人的全面发展是高度统一的”[①]。深刻理解精神生活共同富裕的深邃意蕴，有利于扎实推进共同富裕，以坚定的文化自信推动文化强国战略的实现，汇聚起以中国式现代化全面推进中华民族伟大复兴的强大精神力量。这里所说的精神生活富裕，是具有鲜明的意识形态属性和价值取向的，说的是基于中国特色社会主义文化、社会主义精神文明的精神生活富裕。我国人民的精神生活，是在中国特色社会主义文化的引导下、在社会主义精神文明的熏陶中形成和发展起来的，

① 习近平．扎实推动共同富裕 [J]．求是，2021（20）：4，8．

不能离开这个大前提去谈人民精神生活的富裕。

我们追求的精神生活富裕，具体来说是五个“全面性”：一是精神生活目的的全面性，不是一种功利性的精神生活目的，而是追求精神生活的完善，不仅求知而且求善求美；不是局限于个体、自我的精神感受，而是具有群体意识、民族意识、人类意识，把“小我”与“大我”连通起来。二是精神生活类型的全面性，不是单一的精神生活类型，而是在自然与社会、科学与人文、论理与伦理、理智与情感的均衡中享受精神生活的完美。三是精神生活内涵的全面性，了解历史传承的精神财富、吸收现代创造的精神成果，把人的全面发展建立在人类文明发展的基础上。四是精神生活途径的全面性，不是仅从阅读中获取精神营养，交往实践、感性认知、理性思辨、艺术创作等都可以成为精神生活富裕的途径。五是精神生活条件的全面性，不是仅依靠个人的能力来提升精神生活水平，而是有国家文化建设的保障，社会的精神产品、文化产业、传播方式等都要发达健全。

在这个大前提下，我们才能理解精神贫乏不是社会主义的道理。因为精神贫乏空虚，经济搞得再成功也将毫无意义。物质生产是一个社会发展进步的基础条件，社会主义现代化必须以经济建设为中心，但精神生产、精神文明建设在社会发展中有其独特的地位和价值。在马克思的语境中，精神生产同物质生产、人的生产以及社会关系生产一起构成社会生产的完整体系。其中精神生产几乎涉及整个观念上层建筑，内容广泛，涉及整个文化知识体系和思想观念体系的传承和创新，具有独特的重要地位。而精神文明主要是精神生产的产物，精神文明建设更离不开精神生产的推动。只有生产和创造丰富的精神产品，才能推动经济社会全面进步，不断满足人民群众的精神生活和全面发展的需要。

邓小平在1986年曾指出："经济建设这一手我们搞得相当有成绩，形势喜人，这是我们国家的成功。但风气如果坏下去，经济搞成功又有什么意义？会在另一方面变质，反过来影响整个经济变质，发展下去会形成贪污、盗窃、贿赂横行的世界。"[①]这是因为，从人类精神生产发展的历程来看，精神产品不论是进步高雅的，还是落后低俗的，一旦被人们接受、传播，就会对人们的精神世界和精神生活产生影响。一言以蔽之，精神产品的发展状况，是人类文明进步程度的一个重要标志。进步、高雅、优秀的精神产品，对人们的精神境界和价值判断有指导和激励作用，从而对社会产生正面效应；落后、低俗的精神产品则会侵蚀人们的思想和心灵，使人们失去信仰、迷失自我、扭曲心理，从而对社会产生负面效应。我们大力开展社会主义精神文明建设，目的就是进一步解放和发展精神生产力，生产进步的、高雅的、有益于人

① 邓小平．邓小平文选：第3卷[M]．北京：人民出版社，1993：154．

们身心健康、有利于社会文明与发展的精神产品。

与历史上一切社会的精神生产有着本质区别，“社会主义社会的精神生产是现时代最新型的精神生产，它的产生标志着人类历史上精神生产新纪元的开始”[①]。中国特色社会主义精神生产是马克思主义精神生产理论与中国实际相结合的产物，既坚持了马克思关于社会主义精神生产的基本原则，又赋予了鲜明的中国特色、实践特色和时代特色；既丰富和发展了马克思主义精神生产理论，又指导和引领着中国特色社会主义精神生产的繁荣发展。

社会主义精神文明建设之于社会主义现代化建设的重大意义主要有以下几个方面：

第一，社会主义精神文明建设是社会主义现代化建设的重要组成部分。中国特色社会主义，是物质文明和精神文明建设的统一，两者缺一不可。而社会主义现代化建设作为中国特色社会主义的重要内容，其重要性不言而喻。社会主义现代化建设如果没有高度的社会主义精神文明保证，就会失去精神动力和智力支持。

第二，社会主义精神文明建设是社会主义现代化建设的重要保证。在社会主义现代化建设的进程中，物质文明建设与精神文明建设相互促进，精神文明建设对物质文明建设有

① 李文成．追寻精神的家园：人类精神生产活动研究 [M]．北京：北京师范大学出版社，2007：358.

巨大的推动作用，为物质文明建设指出正确的发展方向，也为物质文明的正确发展提供了有力的思想保证。物质文明建设脱离了精神文明建设就会失去目标和理想，经济建设的目标就难以实现。

第三，社会主义精神文明建设为社会主义现代化建设提供精神动力。精神文明建设可以提升人们的思想道德素质和科学文化素质，净化心灵，陶冶情操，培养善良美德，承担起应有的责任，提升精神动力，让人重新回归正确的价值取向和精神追求。因此，我们不能只抓物质文明，不抓精神文明，或者先抓物质文明，后抓精神文明，那我们就会在建设社会主义现代化国家的新征程上缺乏向心力、凝聚力，即使经济水平上去了，也会因缺乏后劲难以持久。

第四，社会主义精神文明建设是促进人的全面发展的重要途径。尤其在新时代，随着我国社会主要矛盾发生新变化，人民对美好生活的向往越来越强烈，对精神文化生活更加看重，文化需求高品质、个性化的特点更加明显。同时，我国发展已经到了扎实推动共同富裕的历史阶段。共同富裕是全体人民共同富裕，是人民群众物质生活和精神生活都富裕。人民群众改善生活品质、走向共同富裕的新期待，对文化建设提出新的更高要求。

总之，新时代新征程，中国共产党和中国人民正信心百倍推进中华民族实现从站起来、富起来到强起来的伟大飞跃，实现中华民族伟大复兴进入了不可逆转的历史进程。越是接近目标，越需要准备付出更为艰辛、更为艰苦的努力，越需要增强人民精神力量、振奋中华民族精神。我们必须深入学习贯彻落实习近平文化思想，大力加强社会主义精神文明建设，“必须狠狠地抓，一天不放松地抓，从具体事件抓起”[①]，把社会主义精神文明建设贯穿改革开放和现代化全过程、渗透到社会生活各方面，发展文化事业和文化产业，不断满足人民群众多样化、多层次、多方面的精神文化需要，丰富人民精神世界、增强人民精神力量，促进人的全面发展。

三、坚持物质文明和精神文明“两手抓、两手硬”

从“四个现代化”目标到“三步走”战略，从建设小康社会到建设现代化强国，党领导中国人民不但用几十年时间走完了发达国家几百年走过的工业化历程，而且探索开辟了物质文明和精神文明相协调的中国式现代化。我们党始终坚持以人民为中心，努力推动物质文明和精神文明协调发展，始终强调坚持“两手抓、两手硬”的发展战略，我国社会主

① 邓小平．邓小平文选：第 3 卷 [M]．北京：人民出版社，1993：152．

义现代化建设取得了许多举世瞩目的伟大成就。新征程上，物质文明建设和精神文明建设更要统筹规划、齐头并进、协同发力，促进物的全面丰富和人的全面发展，以“高度的文明”推动中国式现代化行稳致远。

（一）新民主主义革命时期：建设有新经济、新文化的新社会

新民主主义革命时期是中华民族从屈辱到站起来的伟大历程。这一时期的物质文明建设生长于对革命中的中国经济发展规律的认识，最终支持了新民主主义革命的完全胜利。这一时期通过破除旧文化、宣传学习马克思列宁主义，创立和发展了新民主主义文化，使得中国人民摆脱了帝国主义及封建文化的压迫和控制，提高了人民群众的思想道德水平。中国人民自此从被压迫转为大解放，精神上由被动转为主动，中华文化拥有了复兴的光明前景。

“先革命、后建设”是中国共产党在新民主主义革命时期物质文明建设的总方略，其直接目的是建立以新民主主义经济为基础的新民主主义社会制度。大革命时期，毛泽东在《中国社会各阶级的分析》一文中，明确分析了中国各个阶级

对革命的态度[①]。土地革命战争时期，中国共产党已经认识到土地革命是“中国革命的根本内容”[②],“是中国革命中新阶段之主要的社会经济内容”[③]。全民族抗日战争时期，中国共产党初步提出了新民主主义的经济纲领：大银行、大工业、大商业收归新民主主义共和国的国家所有，但并不没收其他资本主义的私有财产，并不禁止“不能操纵国民生计”的资本主义生产的发展；没收地主的土地，分配给无地和少地的农民[④]。在当时，我们党领导的农村革命根据地实际上已开始了发展新民主主义经济的实践。解放战争时期，毛泽东在《目前形势和我们的任务》报告中，明确地提出了新民主主义革命的三大经济纲领：“没收封建阶级的土地归农民所有，没收蒋介石、宋子文、孔祥熙、陈立夫为首的垄断资本归新民主主义的国家所有，保护民族工商业。”[⑤]对于新民主主义经济的经济成分，在党的七届二中全会上，毛泽东提出：“国营经济是社会主义性质的，合作社经济是半社会主义性质的，加上私人资本主义，加上个体经济，加上国家和私人合作的国家资本主义经济，这些就是人民共和国的几种主要的经济成分，

---

① 毛泽东．毛泽东选集：第 1 卷 [M]．2 版．北京：人民出版社，1991：3–11.

② 中共中央文献研究室，中央档案馆．建党以来重要文献选编（一九二一——一九四九）：第 4 册 [M]．北京：中央文献出版社，2011：413.

③ 中共中央文献研究室，中央档案馆．建党以来重要文献选编（一九二一——一九四九）：第 4 册 [M]．北京：中央文献出版社，2011：347.

④ 毛泽东．毛泽东选集：第 2 卷 [M]．2 版．北京：人民出版社，1991：678.

⑤ 毛泽东．毛泽东选集：第 4 卷 [M]．2 版．北京：人民出版社，1991：1253.

这些就构成新民主主义的经济形态。”[①]新中国成立前夕制定的《中国人民政治协商会议共同纲领》再次明确了我国新民主主义经济的上述五种经济成分，并且要求国家应在经营范围、原料供给、销售市场、劳动条件、技术设备、财政政策、金融政策等方面，对多种经济成分予以调剂，以促进其共同发展。当时提出的经济建设的根本方针是“以公私兼顾、劳资两利、城乡互助、内外交流的政策，以达到发展生产、繁荣经济之目的”[②]。

中国共产党在带领全国各族人民进行政治、经济革命的同时，也开始了对新文化的建设。毛泽东曾明确指出，我们要建设一个“不但有新政治、新经济，而且有新文化”的“中华民族的新社会和新国家”[③]。因此，新民主主义革命时期精神文明建设的主题就是：破除旧文化，创立新民主主义文化。具体表现为三个方面：第一，破除帝国主义文化和封建文化。鸦片战争后，中国逐渐沦为半殖民地半封建社会，人民群众在文化方面也日益遭受帝国主义文化和封建文化的奴役。中国共产党成立后，团结和带领广大人民群众积极开展文化建设，通过举办《向导》周报、《红旗》杂志等开展反帝反封建斗争。此外，中国共产党还实施文化教育改革，通过

---

① 毛泽东．毛泽东选集：第 4 卷 [M]．2 版．北京：人民出版社，1991：1433.

② 中共中央文献研究室，中央档案馆．建党以来重要文献选编（一九二一——一九四九）：第 26 册 [M]．北京：中央文献出版社，2011：763.

③ 毛泽东．毛泽东选集：第 2 卷 [M]．2 版．北京：人民出版社，1991：663.

在江西赣南苏区开设列宁小学、业余学校等提高广大人民群众的文化知识水平，通过创造“新的苏维埃的文化”破除帝国主义文化和封建文化对人民精神的麻痹。第二，把马克思主义作为党领导文化建设的理论基础。毛泽东十分重视马克思主义在文化建设方面的指导意义，指出“现时的中国新文化也不能离开中国无产阶级文化思想的领导，即不能离开共产主义思想的领导”①。随着革命的不断深入，中国共产党人提出要将马克思主义与中国的革命实践相结合，通过在中国人民抗日军事政治大学、鲁迅艺术学院等院校开设马克思主义相关课程、成立有组织有系统的马克思主义研究机构等，加紧了对马克思列宁主义的学习，培养了宣传共产主义思想的专门人才。第三，创立和发展新民主主义文化。1940 年，毛泽东总结和梳理了近代以来中国文化的历史特点和演化趋向，在《新民主主义论》中阐述了如何建设中华民族新文化的问题，并指出“民族的科学的大众的文化，就是人民大众反帝反封建的文化，就是新民主主义的文化，就是中华民族的新文化”②。自此，新民主主义文化纲领正式形成。1942年，毛泽东在《在延安文艺座谈会上的讲话》中全面阐述了文艺与政治的关系，解决了文艺为什么人服务以及如何服务的问题，进一步发展了新民主主义文化纲领。

---

① 毛泽东．毛泽东选集：第 2 卷 [M]．2 版．北京：人民出版社，1991：705．

② 毛泽东．毛泽东选集：第 2 卷 [M]．2 版．北京：人民出版社，1991：708–709．

（二）社会主义革命和建设时期：克服一切困难进行经济和文化建设

社会主义革命和建设时期的物质文明建设，首先是实现新民主主义社会向社会主义社会的过渡。1949 年 10 月 1 日中华人民共和国成立，标志着中国开始进入新民主主义社会。由此开始到 1956 年，我们党的中心工作是在迅速恢复国民经济后开展大规模的经济建设，并进行社会主义改造。1949 年 9 月通过的《中国人民政治协商会议共同纲领》明确提出："发展新民主主义的人民经济，稳步地变农业国为工业国。"[①] 1952 年底，在土地改革基本完成、国民经济恢复任务顺利实现、抗美援朝战争有望结束的形势下，中国从 1953 年转入大规模经济建设。在实施第一个五年计划的同时，中共中央提出了党在过渡时期的总路线，开始推进"一化三改"。1954 年召开的第一届全国人民代表大会把社会主义工业化的总任务定位为实现强大的现代化工业、现代化农业、现代化交通运输业和现代化国防。1956 年我国基本完成社会主义改造，建立起社会主义基本经济制度，在"一五"时期开始引进布局的 156 个重点工业项目，初步奠定了新中国工业化的

① 中共中央文献研究室，中央档案馆．建党以来重要文献选编（一九二一——一九四九）：第 26 册 [M]．北京：中央文献出版社，2011：759．

基础。

社会主义革命和建设时期的物质文明建设，重点是探索社会主义经济建设道路。1956 年 4 月，毛泽东的《论十大关系》在初步总结我国社会主义建设经验的基础上，吹响了探索适合我国国情的社会主义建设道路的号角。同年 9 月召开的党的八大明确提出：国内主要矛盾已经不再是工人阶级和资产阶级的矛盾，而是人民对于经济文化迅速发展的需要同当前经济文化不能满足人民需要的状况之间的矛盾；全国人民的主要任务是集中力量发展社会生产力，实现国家工业化，逐步满足人民日益增长的物质和文化需要[①]。在八大路线的指引下，1956—1957 年中国实现了物质文明的快速发展。但是，社会主义工业化建设的初步探索也充满曲折，经济政策还不稳定，工业化也多次因政治运动而受阻，造成了重大的经济损失。1960 年冬，党中央开始纠正农村工作中的“左”倾错误，并且于次年 1 月正式决定对国民经济实行“调整、巩固、充实、提高”的方针，从而使国民经济渡过三年困难时期，1962—1966 年的经济得到了比较顺利的恢复和发展。

社会主义革命和建设时期，精神文明建设的主要目的就是消除残余的旧思想、旧文化，发展社会主义新文化。首先，针对新中国成立初期我国文盲较多的具体国情，精神文明建

① 中共中央文献研究室．改革开放三十年重要文献选编：上 [M]．北京：中央文献出版社，2008：190.

设的第一步就是提高全国人民的文化水平。毛泽东大力提倡扫盲运动，他主张通过合作社，运用集体的力量，提高人民群众的知识水平，进而根除社会陋习、净化社会风气；并提倡通过开展爱国卫生运动，改革殡葬制度，收容改造乞丐，禁烟、禁毒、禁赌、禁娼等举措改变广大人民的生存环境和生活方式。其次，改造知识分子。知识分子是影响社会主义精神文明建设方向的生力军。新中国成立初期，知识分子中只有少数人属于马克思主义者。为帮助知识分子更加了解马克思主义，尽可能团结一切社会力量参与社会主义建设，党中央通过举办革命大学、开展座谈报告、组织知识分子参与革命实践等方式，在全国范围内开展了知识分子思想改造运动。最后，确定“双百”方针。为了满足人民对文化的需求，1956 年 4 月毛泽东在中共中央政治局扩大会议上提出了著名的“双百”方针。他强调，艺术问题上应当坚持“百花齐放”，学术问题上应当坚持“百家争鸣”，任何党内外知识分子都可以围绕文化问题进行讨论、相互批判，只有这样才能推动社会主义精神文明的蓬勃发展。

总的来讲，社会主义革命和建设时期，社会主义物质文明建设取得了重大成就，逐步建立了独立的比较完整的工业体系和国民经济体系。社会主义精神文明建设的成就也十分突出，清除了旧思想、旧文化的余毒，巩固和发展了社会主义文化，提高了人民的思想道德修养，为改革开放新时期的社会主义精神文明建设积累了宝贵经验。

（三）改革开放和社会主义现代化建设新时期：两手抓、两手都要硬

改革开放和社会主义现代化建设新时期的物质文明建设经历了两个阶段：一是 1978—1991 年的社会主义市场经济方向探寻阶段；二是 1992—2012 年的社会主义市场经济构建完善阶段。

第一阶段：改革的先导是关于真理标准问题的大讨论，它极大地解放了人们的思想，提出了社会主义的本质就是解放和发展生产力，消灭剥削，消除两极分化，最终达到共同富裕，我国还处于社会主义初级阶段的科学认识。以 1984 年为界，第一阶段整个经济体制改革经历了从农村到城市、从农业到工业的重点转变过程。1978 年党的十一届三中全会决定全党的工作重点从 1979 年开始转移到社会主义现代化建设上来，通过了《中共中央关于加快农业发展若干问题的决定（草案）》和《农村人民公社工作条例（试行草案）》，揭开了围绕农村经济体制、积极推进农村家庭联产承包责任制改革的序幕。而 1984 年党的十二届三中全会通过《中共中央关于经济体制改革的决定》，提出进一步对内搞活经济、对外实现

开放的方针，要求加快以城市为重点、以增强企业活力为中心环节的整个经济体制改革的步伐。1984 年以后，随着以增强企业活力为中心环节的城市经济体制改革的深入，中国开启了快速的工业化进程。在对外开放带动下，制度要素、资金要素和技术要素在东部集聚，劳动力要素也开始向东部迁移，东部沿海产业开始崛起。

第二阶段：1993 年党的十四届三中全会通过《中共中央关于建立社会主义市场经济体制若干问题的决定》，提出建立“市场在国家宏观调控下对资源配置起基础性作用”的社会主义市场经济体制，坚持“以公有制为主体、多种经济成份共同发展的方针”，并提出将生产要素市场作为市场体系培育的重点，从此开始全面建设和不断完善社会主义市场经济。这个阶段的物质文明建设呈现出以下几方面特征：一是中国产业结构从劳动密集型主导转向资金密集型主导；二是低成本出口导向工业化战略取得巨大成效；三是以公有制为主体、多种所有制经济共同发展格局基本形成；四是区域协调发展逐步成为中国工业化区域布局的主导战略；五是在全球化背景下党领导中国社会主义工业化建设的经验日益丰富成熟。

改革开放之后，中国经济飞速发展，但在一段时期内由于文化事业的曲折发展导致精神文明发展落后于经济发展。立足本国国情和经济社会发展现实，这一时期社会主义精神文明建设的主题是建设中国特色社会主义先进文化。首先，精神文明建设的重要性得到充分肯定。1979 年 10 月，邓小平首次正式提出“我们要在建设高度物质文明的同时，提高全民族的科学文化水平，发展高尚的丰富多彩的文化生活，建设高度的社会主义精神文明”①。江泽民也多次指出精神文明建设要为经济建设服务，强调“两手抓”的方针。党的十六大之后，以胡锦涛为主要代表的中国共产党人针对发展道路上出现的现实问题，提出了科学发展观，强调要促进“社会主义物质文明、政治文明、精神文明协调发展”②。

其次，广泛开展各类精神文明创建活动。1981 年 2 月，我国开展了以“五讲、四美、三热爱”为主题的社会主义精神文明创建活动。1992 年 10 月，江泽民在党的十四大报告中指出：“社会上丑恶现象的滋长蔓延，毒害人们特别是青少年的身心健康，妨碍现代化建设和改革开放，损害社会主义形象，人民对此深恶痛绝。”③ 为此，他强调要“把精神文明建设落实到城乡基层”④。1996年10月，党的十四届六中全会通过了《中共中央关于加强社会主义精神文明建设若干重要问题的决议》，其中第五个部分特别强调要深入持久开展群众性精神文明创建活动。2001 年，中共中央发布《公民道德建

① 邓小平．邓小平文选：第 2 卷 [M]．2 版．北京：人民出版社，1994：208．

② 胡锦涛．胡锦涛文选：第 2 卷 [M]．北京：人民出版社，2016：104．

③ 江泽民．江泽民文选：第 1 卷 [M]．北京：人民出版社，2006：239．

④ 江泽民．江泽民文选：第 1 卷 [M]．北京：人民出版社，2006：239．

设实施纲要》。2006 年 3 月，胡锦涛提出“要教育广大干部群众特别是广大青少年树立社会主义荣辱观”[①]。为进一步加强意识形态建设，2006 年党的十六届六中全会第一次明确提出“建设社会主义核心价值体系”这个重大战略任务。随后，在各级党委努力下，社会主义核心价值体系逐渐走进千家万户。

最后，坚持贯彻“双百”方针和“二为”方向。邓小平提出当前中国文化建设要“坚持百花齐放、推陈出新、洋为中用、古为今用的方针”[②]，明确我们的文化建设“为人民服务、为社会主义服务”[③]的发展方向。同时，党中央还进一步对宣传思想工作提出了“贴近实际、贴近生活、贴近群众”[④]的新要求，并且确立了“尊重劳动、尊重知识、尊重人才、尊重创造”[⑤]的文化建设方针。2011 年 10 月，党的十七届六中全会通过了《关于深化文化体制改革推动社会主义文化大发展大繁荣若干重大问题的决定》，从政策层面对繁荣社会主义文化进行了全面部署，同时积极开展国际文化交流活动，

---

① 胡锦涛．胡锦涛文选：第 2 卷 [M]．北京：人民出版社，2016：430.

② 中共中央文献研究室．邓小平年谱：1975—1997 [M]．北京：中央文献出版社，2004：573.

③ 中共中央文献研究室．十二大以来重要文献选编：上 [M]．北京：人民出版社，1986：175.

④ 中共中央文献研究室．十六大以来重要文献选编：中 [M]．北京：中央文献出版社，2006：243.

⑤ 江泽民．江泽民文选：第 3 卷 [M]．北京：人民出版社，2006：540.

进一步提升了中国文化软实力。

总的来说，改革开放和社会主义现代化建设新时期，我国经济总量跃居世界第二，实现了人民生活从温饱不足到总体小康、奔向全面小康的历史性跨越，推进了中华民族从站起来到富起来的伟大飞跃。这一时期，社会主义精神文明建设成就同样突出，人民群众的思想道德素质和科学文化素质极大提高，社会文明程度大幅提升，中国人的全面发展有了实质性进步。物质文明和精神文明实现协调快速发展，探索出了一条适合中国实际的现代化之路。

（四）中国特色社会主义新时代：物质文明和精神文明比翼双飞

党的十八大以来，以习近平同志为核心的党中央引领我国经济社会发展取得历史性成就、发生历史性变革。面对高速增长背后的一系列深层次矛盾、问题，聚焦中国经济“怎么看”“怎么干”等重大理论和实践问题，以习近平同志为核心的党中央深刻总结我国经济发展成功经验，从新的实际出发，提出一系列新理念新思想新战略，形成了习近平经济思想，成为新时代做好经济工作的根本遵循和行动指南。在习近平经济思想的指引下，社会主义物质文明在守正创新中打开发展新天地。

2013 年 11 月，党的十八届三中全会强调经济体制改革的核心是处理好政府和市场的关系，使市场在资源配置中起决定性作用和更好发挥政府作用，实现了理论上的重大突破和实践上的重大创新。2015 年党的十八届五中全会围绕适应、把握和引领经济发展新常态，明确提出了以人民为中心的发展思想，提出了创新、协调、绿色、开放、共享的新发展理念。中国工业化道路开始向创新驱动的包容、可持续的高质量工业化转型。由此，新产业、新业态、新模式蓬勃发展，创新型国家建设取得新进展。2015 年 11 月，习近平提出供给侧结构性改革是我国经济工作的主线，极大地促进了中国产业结构向高级化、绿色化、智能化方向转型升级，提升了中国物质文明建设的整体质量。新时代针对中国工业化进程的区域不平衡问题，党中央推出了一系列重大的区域发展战略，加快推进以人为核心的新型城镇化战略，促进了新型工业化、信息化、城镇化和农业现代化同步发展。可以看到，经过新中国成立以来特别是改革开放 40 多年的不懈奋斗，我国已经成为世界第二大经济体、第一大工业国、第一大货物贸易国、第一大外汇储备国。全面建成小康社会胜利完成，解决了困扰中华民族几千年的绝对贫困问题，继续推进社会主义拥有了更为坚实的物质基础。

在全面建成小康社会、实现第一个百年奋斗目标之后，中国乘势而上开启全面建设社会主义现代化国家新征程，向第二个百年奋斗目标进军，中国进入了一个新发展阶段。在这个背景下，新发展阶段要以新发展理念为指导，加快构建以国内大循环为主体、国内国际双循环相互促进的新发展格局。进入新发展阶段明确了我国发展的历史方位，贯彻新发展理念明确了我国现代化建设的指导原则，构建新发展格局明确了我国经济现代化的路径选择。其中，构建新发展格局的战略核心是从成本驱动、出口导向、高速度工业化转向创新驱动、内需导向、高质量工业化。这就是说，经济现代化的战略重心要从出口导向转向内需主导，意味着要充分利用大国在资源禀赋、市场规模等方面的优势，全力推进以国内大循环为主体、国内国际双循环相互促进的经济现代化进程。

建设社会主义精神文明，关系跨世纪宏伟蓝图的全面实现，关系我国社会主义事业的兴旺发达。新时代十年，精神文明建设工作以习近平文化思想为指引，把培养时代新人作为着眼点，培育和践行社会主义核心价值观，引导全社会树立文明观念、提高文明程度、形成文明风尚，不断推动人民在理想信念、价值理念、道德观念上紧紧团结在一起，为实现“两个一百年”奋斗目标和中华民族伟大复兴的中国梦凝聚强大精神力量。

新时代社会主义精神文明建设的战略地位进一步上升。新时代精神文明建设被放在了统筹推进“五位一体”总体布局和协调推进“四个全面”战略布局的重要位置。坚持巩固马克思主义在意识形态领域的指导地位，做好党的意识形态工作；坚持开展中国特色社会主义宣传教育，正面宣传工作蓬勃开展，习近平新时代中国特色社会主义思想深入人心；坚持加强理想信念教育，增强人民群众共同奋斗的思想基础，牢牢守住了意识形态主阵地，加强了对意识形态工作的领导权。

人民群众文化需求得到更好满足。社会主义精神文明建设归根结底是为了更好地满足人民的精神需求。我们坚持以人民为中心的工作导向，大力繁荣文艺创作生产。党的十八大以来，党和国家对文化事业的投入明显增加，文化服务设施不断完善，通过鼓励人民群众创造、参与文艺活动，涌现出一批讴歌党、讴歌祖国、讴歌人民的精品力作，使得文化事业更加繁荣兴盛。随着文化体制改革的不断深化，各项政策措施的不断完善，我国文化服务能力和服务水平进一步提升，文化产业加速发展，为经济社会发展贡献了巨大力量。

社会主义核心价值观培育践行不断深入推进。社会主义精神文明建设的核心是培育和践行社会主义核心价值观。习近平强调：“一种价值观要真正发挥作用，必须融入社会生活，让人们在实践中感知它、领悟它，达到‘百姓日用而不知’的程度。”[①] 以此为指导，各行各业的规章制度开始逐步

① 中共中央文献研究室．习近平关于社会主义文化建设论述摘编 [M]．北京：中央文献出版社，2017：109．

完善，市民公约、乡规民约、学生守则等行为准则更加健全，社会主义核心价值观已经成为人们日常工作生活的基本规范。同时，党中央着眼群体特性，强调一方面要抓好党员干部的模范带头作用，另一方面要抓好青少年的社会主义核心价值观养成，通过开展优良家风建设、纪念传统节日等实践活动弘扬时代新风，有效推动全社会深入弘扬和践行社会主义核心价值观，国民素质和社会文明程度不断提升。

新时代精神文明规章制度工作建设有效推进。只有不断完善法规制度，社会主义精神文明建设才能始终充满活力。比如，2013 年中共中央办公厅印发的《关于培育和践行社会主义核心价值观的意见》，2017 年中央精神文明建设指导委员会印发的《关于深化群众性精神文明创建活动的指导意见》，2019 年中共中央印发的《中国共产党宣传工作条例》和中共中央、国务院印发的《新时代公民道德建设实施纲要》《新时代爱国主义教育实施纲要》，为新时代培养公民道德、弘扬爱国主义精神做了新部署。2020 年 12 月，中央全面深化改革委员会第十七次会议审议通过了《新时代加强和改进思想政治工作的意见》。可以说，这些规章制度的出台，切实地促进和保障了社会主义精神文明建设的方向和成效。

总而言之，新时代的社会主义物质文明建设和精神文明建设比翼齐飞。在物质文明建设上，坚持新发展理念，构建新发展格局，中国经济迈上更高质量、更有效率、更加公平、更可持续、更为安全的发展之路。同时，精神文明建设在围绕中心、服务大局中取得历史性成就，在守正创新、提质升级中发生历史性变革，不断统筹推动文明培育、文明实践、文明创建，为全面建设社会主义现代化国家、全面推进中华民族伟大复兴提供坚强思想保证、丰润道德滋养、强大精神力量、良好社会环境。

第三章

物质文明与中国式现代化

推动物质文明发展是人类自诞生以来孜孜不倦的追求。马克思曾提出："物质生活的生产方式制约着整个社会生活、政治生活和精神生活的过程。"①这指明了物质文明对人类社会的决定性作用。四次工业革命对人类社会生产力的解放和发展是现代化蓬勃发展的根本原因。回顾中国现代化建设历程，我们看到推进中国式现代化是解放生产力、发展生产力，消灭剥削、消除两极分化，实现全体人民共同富裕的必由之路。"共同富裕是社会主义的本质要求，是中国式现代化的重要特征。我们说的共同富裕是全体人民共同富裕，是人民群众物质生活和精神生活都富裕，不是少数人的富裕，也不是整齐划一的平均主义。"②中国特色社会主义进入新时代，习近平

① 马克思，恩格斯．马克思恩格斯文集：第2卷[M]．北京：人民出版社，2009：591.

② 习近平．习近平谈治国理政：第4卷[M]．北京：人民出版社，2022：142.

强调："高质量发展是全面建设社会主义现代化国家的首要任务。"[①]在强国建设、民族复兴的新征程上，面对世界百年未有之大变局、新时代我国社会主要矛盾变化和扎实推动共同富裕的时代要求，我们要坚定不移推动高质量发展，推动经济实现质的有效提升和量的合理增长，不断壮大我国经济实力、科技实力和综合国力。

一、四次工业革命与人类物质生产的大发展大繁荣

习近平指出："科技是国家强盛之基，创新是民族进步之魂。自古以来，科学技术就以一种不可逆转、不可抗拒的力量推动着人类社会向前发展。"[②]从整个人类社会发展进程来看，现代化和生产力的飞跃息息相关。现代化的发展与人类从农业社会向工业社会的转变同频，人类历史上物质文明的发展繁荣是四次工业革命力量的具体体现。正如马克思、恩

① 习近平. 高举中国特色社会主义伟大旗帜 为全面建设社会主义现代化国家而团结奋斗：在中国共产党第二十次全国代表大会上的报告 [M]. 北京：人民出版社，2022：28.

② 中共中央文献研究室. 习近平关于科技创新论述摘编 [M]. 北京：中央文献出版社，2016：27.

格斯所强调的那样："资产阶级在它的不到一百年的阶级统治中所创造的生产力，比过去一切世代创造的全部生产力还要多，还要大。"[①] 可以说，工业革命在长期的技术发展和制度改革的双重保障下更好更快地推动了人类的现代化进程，它帮助"产生了以往人类历史上任何一个时代都不能想象的工业和科学的力量"[②]。习近平指出："历次产业革命都有一些共同特点：一是有新的科学理论作基础，二是有相应的新生产工具出现，三是形成大量新的投资热点和就业岗位，四是经济结构和发展方式发生重大调整并形成新的规模化经济效益，五是社会生产生活方式有新的重要变革。"[③]

（一）机器代替人力，提高人类物质生产的效率效益

工业革命是人类科技进步和生产力飞跃的过程性描述，它开始于工业领域，建立在产业大变革基础上，推动了一系列技术创新和产业重造，是面向人类社会全方位的一次革命。工业革命内在包含了科学革命、技术革命、产业革命三方面，

---

① 马克思，恩格斯．马克思恩格斯文集：第 2 卷 [M]．北京：人民出版社，2009：36.

② 马克思，恩格斯．马克思恩格斯文集：第 2 卷 [M]．北京：人民出版社，2009：579.

③ 中共中央文献研究室．习近平关于社会主义经济建设论述摘编 [M]．北京：中央文献出版社，2017：127.

它们相伴随发生在18世纪中叶的英国，从而开启了全世界的工业化历史进程。

第一次工业革命是伴随着资本主义生产方式的确立而到来的。从西欧中世纪漫长的农奴制度遭到破坏逐步瓦解，到14、15世纪欧洲大陆商业资本的缓慢发展，紧接着迎来了16世纪的地理大发现和资本的疯狂扩张，经历了如此漫长的历史发展进程才迎来发生在18世纪中叶的英国工业革命。具体来说，“从15世纪后期到18世纪中期的西欧，在经济上是各国商业资本和大西洋贸易兴起并向海外殖民扩张的过程；在政治上是王权兴起及随之而来的重商主义和中央集权化过程；在思想上是宗教改革、科学革命与启蒙运动的过程；在国际上是列国争雄互相淘汰和优胜劣败的过程。从这些过程中孕育出推动西欧内在型现代化的基本动力和各类现代化的基本因素——如早期城市化、早期商业化、早期工业化、世俗化等”[①]。这个过程可以被称为原始现代化，是现代化大转变前的一个过渡时期。在这之前可能谁也没有想到蒸汽机的出现是人类由农业社会转向工业社会的“敲门砖”，是人类文明进入以工业文明为特征的现代化时代的重要标志。

第一次工业革命肇始于18世纪60年代的英国。当时的英国根据世界市场的巨大需求而疯狂发展棉纺织业，手工业生产需求和自然科学发展带来的新技术为蒸汽机的出现提

① 罗荣渠．论现代化的世界进程[J]．中国社会科学，1990（5）：114–115．

供了便捷的条件。当时，手工劳作是棉纺织业的主要生产方式，需要雇用大量劳动力进行长时间的工作才能勉强维持生产和市场需求的匹配，效率十分低下。英国织布工人詹姆斯·哈格里夫斯经过多次试验，进行反复尝试，大约在 1765 年成功地制造出能够同时纺出多根纱线的纺纱机，这就在一定程度上解放了劳动力。他把这台纺纱机命名为“珍妮纺纱机”，这就是人类历史上第一台现代意义上的机器。后来更多的一线工人和发明家在生产实践和科学理论的结合下发明出更多的工作机器，使人类直接参与劳动的双手被解放出来，实现了人类在物质生产领域的首次巨大飞跃。

虽然这种新式纺纱机的生产效率相当于老式纺车的 8 倍，但依然需要工人手摇操作。与此同时，英国的生产效率与生产安全问题束缚了生产扩大化的可能，但海外市场的巨大需求刺激了英国生产技术的发展，新的物质生产方式应运而生。在这一时期，英国著名的发明家詹姆斯·瓦特在众多工业家与科学家友人的支持下，于 1765 年制造出人类历史上第一台具有使用价值的蒸汽机，并在以后 20 余年中对蒸汽机进行了一系列改良，使之成为“万能的原动机”，在工业生产、日常生活中得到广泛应用。瓦特发明的蒸汽机开辟了人类利用能源的崭新时代，也由此拉开了第一次工业革命的序幕。

由于蒸汽机的问世和不断改良使其在工业生产和日常生活中得到广泛应用，生产力获得前所未有的飞跃。第一个表现就是英国国内的工人数量迅速提升。英国在 1771 年才建立第一个工厂——克罗姆福德纱厂，到了 1835 年，全国已有棉纺织厂 1 262 家，棉纺织厂工人达 220 134 人[①]。曼彻斯特成为当时世界上最大的棉纺织业中心，机器的不断更新换代也促进了工人劳动效率的提升，棉布、钢铁、煤炭等主要工业产品的产量都有了迅速的提升。工业革命完成时，英国已经具备了纺织业、冶金业、煤炭业、机器制造业和交通运输业等五大成熟独立的工业部门。1820 年，英国的工业生产总值已经占世界工业生产总值的 50%。此后，虽然因为其他资本主义国家工业的迅速发展，英国的工业生产总值在世界工业生产总值中的比重有所降低，但在 1840 年仍占 45% 左右。英国对于科技发明的重视和拥有巨大的海外市场使其成为第一次工业革命的领航者，形成了完整强大的工业体系，这在很大程度上为英国成为“世界工厂”奠定了强大的物质基础。

19 世纪初，其他国家也陆续开展了工业革命，英国在向其他国家供应各种机器设备的过程中加速了自身生产技术的更新换代。英国普遍使用机器，劳动生产率飞快提高，成本迅速降低，在国际市场上的竞争能力大大加强，这就导致英国的外贸额在世界贸易中所占的比重从 1820 年的 18% 上升为 1840 年的 21%，英国国内生产的一半以上工业品和 80%

---

① 哈孟德夫妇. 近代工业的兴起 [M]. 韦国栋，译. 北京：商务印书馆，1959：175–176.

棉织品都输出国外，这使其成为世界市场工业品的主要供应者，许多国家在不同程度上成为英国的原料供应地和商品市场。

法国工业革命期间，机器的广泛使用有力地促进了本国纺织工业的发展。在 19 世纪 60 年代前后，法国就在工业生产总值方面跃居世界第二位了。德国工业革命也极大地促进了本国生产力迅猛发展，从而使德国加入先进资本主义国家的行列①。

美国也受到第一次工业革命浪潮的影响，积极引进新技术和工业生产机器，国内劳动生产率有极大的提高，工业生产总值迅猛增长。1810—1850 年，美国制造业产值增长约 5 倍②。1860 年时，美国工业中领先的是轻工业的面粉业、棉织业、木材制造业、制鞋业等工业部门，而 1900 年领先的却是钢铁业、屠宰业、机械制造业、制材业。到了 1894 年，美国工业生产总值较 1860 年增长 4 倍，打破了英国工业的垄断地位，跃居世界首位③。美国国民生产总值按人口平均值从 1869—1873 年的 223 美元增长为 1889—1893 年的 424 美元④。

---

① 赵晓雷. 外国经济史 [M]. 大连：东北财经大学出版社，2013：40-46.

② 吉尔伯特 · C. 菲特，吉姆 · E. 里斯. 美国经济史 [M]. 司徒淳，方秉铸，译. 沈阳：辽宁人民出版社，1981：251.

③ 黄绍湘. 美国通史简编 [M]. 北京：人民出版社，1979：273.

④ 吉尔伯特 · C. 菲特，吉姆 · E. 里斯. 美国经济史 [M]. 司徒淳，方秉铸，译. 沈阳：辽宁人民出版社，1981：357.

第一次工业革命极大地改变了人类物质生产的方式，这是人类从农业社会迈向工业社会的重要一环，是从无到有的一次重大突破，为人类更快地解放生产力和发展生产力创造了便捷条件。就如同恩格斯所强调的那样：“自从蒸汽和新的工具机把旧的工场手工业变成大工业以后，在资产阶级领导下造成的生产力，就以前所未闻的速度和前所未闻的规模发展起来了。”①总的来说，第一次工业革命发源于英国，然后逐渐扩展到欧洲大陆及其他地区。它的主要标志是蒸汽机的广泛运用，直接推动了机器代替人力，提高了人类物质生产的效益，“人力胜天”不再只是一句空谈，人类从此进入了“蒸汽时代”。

首先，第一次工业革命提高了社会生产力，引起了社会生产组织方式的变化，使用机器生产为主的工厂取代了人力劳动为主的工场。这是资本主义发展史上一个重要的历史阶段，是实现从传统农业社会向现代工业社会转变的重要环节，同时也确立了西方工业强国在很长一段时间内在世界上的绝对优势，建构了一套以西方工业强国为中心的世界话语体系和竞争规则。其次，第一次工业革命不仅创造了巨大的生产力，同时也使得社会面貌发生巨大的变化，工业化和城市化进程明显加快，带来了城镇化和人口向城市的迅速转移，同

---

① 马克思，恩格斯．马克思恩格斯选集：第3卷[M]．3版．北京：人民出版社，2012：655．

时也出现了贫富分化、人口拥挤、环境污染等诸多问题，社会日益分化为两大对立的阶级——无产阶级和资产阶级。最后，第一次工业革命对人们的思想观念产生了极大的冲击，以往人类只能听从自然、依据自然变化而开展劳动的情况一去不复返，人们的生产积极性提升，对机器生产的向往被无限放大，人们对于突破阶级藩篱持有乐观态度，但人类物质生产过剩导致资源浪费的情况也变得一发不可收拾。

第一次工业革命是由英国开始进而席卷全球的一次工业化浪潮，工业革命的基础动力来自物质生产技术的革新和创造，制度保障在于英国资产阶级制度的确立。第一次工业革命的物质技术基础是煤和铁，蒸汽能源、蒸汽机作为动力被广泛应用，从纺织业、农产品加工和再加工及轻工业消费品生产领域开始，逐渐扩展至国民经济的其他部门和领域。第一次工业革命在使英国经济获得显著增长的同时，也使其经济结构发生了深刻变化，英国因此成为领先的工业化国家，从 18 世纪前经济社会发展落后于法国、意大利、西班牙等国的状态一跃成为世界文明的中心。英国也由此率先进入现代化社会，对全世界各国走上现代化道路具有示范引领作用，从而极大地促进了人类整体的物质生产极大发展、极大繁荣。

（二）电气广泛应用，促进人类物质生产的飞跃发展

第一次工业革命极大丰富了人类社会物质生产的手段，同时推动了资本主义的极大发展，整个西方世界在19世纪对自然科学研究的积极性到达高峰，这为人类开展第二次工业革命提供了理论基础和科学依据。英国科学家迈克尔·法拉第在1831年发现了“电磁感应现象”，在此基础上首先发明了发电机和电动机，并很快通过一系列的研究建立了“电磁学”基础理论，推动人类物理学基础研究和机器生产更新迭代。德国发明家维尔纳·冯·西门子在此基础上，于1866年造出了第一台具有实用价值的直流发电机。1867年，比利时发明家齐纳布·格拉姆，创造性地发明了通过电力运转的环形电枢发电机。从理论到实践、从实验室到工厂的两项划时代的发明标志着人类拥有了除蒸汽机之外更高效、更全能的电器，从此进入了“电气时代”。从19世纪70年代左右开始，电力逐渐取代了蒸汽成为社会生产的主要动力。

19世纪，焦耳等人发现了能量守恒定律，这就在很大程度上为自然科学最基础的物理学拓展了研究领域。同一时期，西方世界在生物学方面也取得了极大成就。19世纪30年代末，德国科学家施莱登和施旺在总结前人成果的基础上建立

细胞学说。1859年，英国博物学家达尔文的《物种起源》正式出版，达尔文的进化论学说极大影响了人们对于自然界的看法，进而在整个人类社会掀起了一阵“物竞天择”的风潮。在化学方面，1869年前后，俄国科学家门捷列夫发现了元素周期律，奠定了无机化学的基础，由此无机化学变成一个科学门类被加以研究。整个19世纪，物理、化学、生物等各类基础自然学科理论体系的建立，为西方发达国家进行第二次工业革命准备了必要的条件。同时，自然科学的大发展以及一系列突破性成果的迅速应用，为第二次工业革命的发生奠定了坚实的基础。

在各类学科基础理论都获得极大发展的前提下，理论应用和技术升级自然而然就被提上日程。“从19世纪60—70年代起，出现了一系列电气发明。……电力开始被用来带动机器，成为补充和取代蒸汽动力的新能源。随后，电灯、电话、电焊、电钻、电车等，如雨后春笋般涌现出来。各种电动生产资料和生活用具的出现，产生了对电的大量需求。1882年，法国学者马赛尔·德普勒展示了远距离送电的方法，同年，美国著名发明家爱迪生在纽约创建了世界第一个商用电力系统，把输电线连接成网络。电力作为一种新能源的广泛应用，不仅为工业提供了方便而价廉的新动力，而且有力地推动了一系列新兴工业的诞生。以发电、输电、配电为主要内容的电力工业和制造发电机、电动机、变压器、电线、电缆等的电气设备工业迅速发展起来。”①

这些电气技术的广泛应用和生产机器的迅速投入生产都促进了第二次工业革命过程中的科技创新大发展，人们的日常生产被极大改造。这就导致某些国家的工业生产总值呈现爆发式的增长，国家的工业生产总值超过了农业，工业体系也由第一次工业革命的以轻工业为主转为第二次工业革命的以重工业为中心。

美国在第二次工业革命中充分利用自己的优势，把握住了发展的机遇，成为这一时期工业发展最迅速的国家。“从1859至1899年，美国的工业产值由18.8亿美元增至114.07亿美元，增加近5倍。1860年以前轻工业在工业中占统治地位，此后是重工业迅速发展的年代。生铁的产量，在1860年时只有84万吨，1900年达到1 401万吨。钢产量在1860年只有1.2万吨，1900年则猛增至1 035万吨，开始取代英国成为世界上最大的产钢国。煤的开采量，1860至1900年间由1 820万吨增加到2.4亿吨。机器制造业，特别是农业机器制造业有很大的发展，20世纪初其产值已相当于欧洲各国产值总和的一半。19世纪最后30年，新兴工业部门也迅速发展起来。石油开采量从1860年的50万桶增加到1900年的6 362万桶。90年代，由于电动机在工业中的普遍应用，电

① 吴于廑，齐世荣．世界史．近代史编：下卷[M]．2版．北京：高等教育出版社，2001：233–234．

力工业也得到飞跃的发展。从 1880 年第一家发电站建成起，全国各地陆续兴建了许多发电厂，到 1902 年全国的发电量已达 60 亿度。汽车工业在 19 世纪末初步建立起来，1900 年产量不过 4 000 辆，1914 年猛增至 56 万辆以上。化学工业也迅速发展起来。在这一时期，轻工业的产量虽然有很大增长，但其速度远不如重工业快。轻重工业的比重，1860 年为 2.4 : 1，1900 年已改变为 1.2 : 1，重工业的产值已开始接近轻工业的产值。工农业的比重也发生了显著变化，1889 年工业产值已超过农业约 2 倍。19 世纪末至 20 世纪初，美国的工业化已基本完成，美国开始由农业国转变为以重工业为主导的工农业国家。”①

德国同样也是在第二次工业革命中开始崛起的国家之一。在 19 世纪最后的 30 年，德国工业生产总值处于世界领先地位，工业生产的增长速度仅次于美国。“从 1870 至 1900 年，工业生产总指数由 17.5 上升至 64.7（以 1913 年为 100），增加了约 2.7 倍。1870 至 1900 年德国的重工业得到了迅速发展，煤的开采量从 3 400 万吨增至 1.49 亿吨，钢产量从 17 万吨增至 665 万吨，铁产量从 139 万吨增至 852 万吨。从 19 世纪 90 年代起，机器制造业的发展特别迅速，其中电机制造业和造船业的发展尤为突出。新兴的化学工业发展也特别迅

① 吴于廑，齐世荣．世界史．近代史编：下卷 [M]．2 版．北京：高等教育出版社，2001：239．

速。德国的化学工业在 19 世纪 60 年代几乎还是空白，但在 1870—1900 年，酸和碱等基本化学原料的产量增加了 7 倍，染料的产量增加了 3 倍。均已跃居世界首位。”①

反观英国这样一个在第一次工业革命中引领潮流的老牌资本主义国家，在第二次工业革命中的发展却显得相对缓慢。1850—1870 年，英国工业年平均增长率高达 3.12%，而在 1870—1900 年下降到了 1.6%②。当时英国依旧坚持第一次工业革命的经济运作模式，将主要的工业技术革新力量放在纺织、煤炭和冶铁等轻工业和老牌工业部门上，导致其技术装备的更新换代没能紧跟潮流，最终导致其被美国和德国等新兴的资本主义国家反超。尽管如此，英国依旧保持了不小幅度的工业生产增加。“在 1870—1900 年间，棉花消费量从 10.75 亿磅增至 17.37 亿磅，生铁产量从 597 万吨增至 910 万吨，煤炭产量从 1.12 亿吨增至 2.28 亿吨。但钢铁业和造船业的发展还是比较快的。钢产量从 1870 年的 22 万吨增至 1900 年的 498 万吨，造船数量从 34 万登记净吨增为 93 万吨。一些新兴的工业部门也开始建立起来。1895 年制造了第一辆汽车，到 1913 年汽车产量已达 3.4 万辆。在动力方面，80 年代出现了利用硬煤生产煤气的瓦斯工业和电力工业，1912 年全

① 吴于廑，齐世荣，世界史．近代史编：下卷 [M]．2 版．北京：高等教育出版社，2001：239.

② 吴于廑，齐世荣，世界史．近代史编：下卷 [M]．2 版．北京：高等教育出版社，2001：240.

国电站安装容量达90万千瓦。1900年英国开始试制人造纤维，到1913年生产了700万磅人造丝。但英国新兴工业部门的规模很小，其产值在1903年只占工业总产值的6.5%。”[①]因此，总体来说，英国的新兴工业部门的增长抵偿不了旧工业部门发展的滞缓，导致了英国在第二次工业革命浪潮中丧失了原先的优势。

在这一阶段西方发达国家工业生产总值得到了飞跃式增长，或多或少地影响到了每个国家的产业结构。工业开始占据国家经济结构的重要部分，并且工业和农业的比例开始成为衡量一个国家经济结构的重要参数，同时也出现了诸多新兴的工业部门。对比第一次工业革命，第二次工业革命呈现出三个显著特点：

首先，第二次工业革命中科学技术与实践生产的结合更加紧密。在第一次工业革命前夕，产业工人根据自己的生产实践总结经验、改进技术，创造出新的生产机器，也就是说技术的革新促进了生产工具的进步，从而进一步推动了科学理论的突破发展。英国不仅拥有诸如牛顿等伟大的科学家，而且拥有很多掌握各种熟练技术的能工巧匠。在这样的条件下，英国的工匠们在生产实践中发挥了相当重要的作用，但是，这也带来了一个问题，即英国的科学理论和实际生产并

① 吴于廑，齐世荣，世界史．近代史编：下卷[M]．2版．北京：高等教育出版社，2001：240．

没有完全做到紧密结合。反观第二次工业革命，是先有了如物理学、生物学、热学、化学等领域基础理论的创新，然后进一步促进了工业生产的技术革新、生产力发展，从而形成了理论创新带动技术进步，技术进步推动生产力发展这样一种良性的循环。这使得科学和技术真正合二为一，也使得科学理论应用落地的效率极大提升。

其次，第二次工业革命是在西方多个国家同时发生的，它们彼此之间相互促进，影响范围更大更广。第一次工业革命主要以英国为中心，英国率先发明了蒸汽机技术并进一步总结摸索出了科学理论，从而成为第一次工业革命的引领者；第二次工业革命美国、德国、英国等西方国家在不同科技领域均有重大突破，交织推动着整个世界的工业产值提升和科学技术进步。例如：英国的贝塞麦、托马斯等人发明了炼钢技术，德国在内燃机、发电机、电动机、汽车的制造和改进中功劳最大，美国人发明了电灯、电话、T 型汽车、电影、收音机等，法国人发明了人造纤维、橡胶轮胎等①。这些都表明了第二次工业革命在各个国家“百花齐放”的局面，在这样的氛围下，西方国家争先恐后打破技术壁垒，一方获得的重大突破性成果会迅速被多方吸收，从而促进了西方世界各国工业水平的迅猛发展。在这个过程中，美国和德国的技术

① 李克，朱新月．第四次工业革命[M]．北京：北京理工大学出版社，2015：20.

进步最为显著，同时也推出了最多的发明创造，建立起相对完整的工业体系，也为两国后来的崛起奠定了坚实的基础。

最后，第二次工业革命集中发生在重工业领域。第一次工业革命是依据世界市场的需求从棉纺织业这类轻工业开始发展从而引起其他工业领域进步的，但第二次工业革命则更多地聚焦在重工业领域，如机器制造工业、钢铁工业、电力工业、汽车工业、化学工业等。其中，电炉炼钢法的发明导致钢产量剧增，价格随之猛跌，进而导致钢迅速代替了铁，应用范围快速扩大。钢铁技术的进步不但推动了采煤业、机器制造业、铁路运输业等传统重工业取得飞跃式发展，而且推动了电器制造、电力工业、石油工业、化学工业、汽车工业和飞机制造业等以钢铁为原料的新兴工业发展。重工业迅速成为西方国家经济最为重要的组成部分，并于 19 世纪末 20 世纪初在世界工业体系中开始占据主导地位。

第二次工业革命是人类历史上一场重大的生产技术变革，主要标志是电力的广泛应用，它使世界由“蒸汽时代”迈入“电气时代”。第二次工业革命对世界产生了巨大的影响，重工业在西方多个国家的迅速发展促使人类社会发生了重大变化，在世界范围内形成了“西化”的历史发展潮流。第二次工业革命的物质技术基础是电力与钢铁，内燃机和电动机成为主要动力，全球经济大幅增长，现代化程度在世界范围内明显提升。电力、钢铁、化工、汽车、飞机等重工业逐渐发展起来，石油成为这一阶段重要的能源之一，加快了世界交通的更新迭代，特别是航空业、汽车业的迅速发展极大地促进了世界经济的繁荣，同时加快了全球化的步伐。人类社会的工业经济结构从第一次工业革命的轻工业为主转变为第二次工业革命的重工业为主，推动了一大批新兴产业的兴起和发展，重新对产业结构进行了整合与调整。

人类社会的生产力得到极大的推进和提升，人类物质生产得到了飞跃式发展，生产生活资料的极大丰富使得世界贸易发展起来，从而开创了大机器生产的自动化的时代，使工业生产从简单的机器化生产进入了自动化生产的高级阶段。与此同时，人类的生产生活方式发生了极大改变。爱迪生发明了电灯，贝尔发明了电话，莫尔斯发明了电报机。汽车让人们的出行更加便利。火力发电厂、水力发电厂与电网的建设，让人们的生活全面“触电”。电钻、电焊机等电气产品，让工业制造技术上升到一个新台阶。此外，内燃机的发明与应用让汽车、航空工业兴起，同时也带动了石油及化工产业的发展。化工产业体系的出现标志着制造能力取得革命性突破。塑料、绝缘物质、人造纤维、无烟火药等化工产品被广泛用于工业、军事、医疗、日常生活等领域，而冶金、造船、交通运输、通信行业也在电气技术与化工技术的推动下完成了产业链重组①。

---

① 李克，朱新月. 第四次工业革命 [M]. 北京：北京理工大学出版社，2015：19.

（三）信息技术发展，推动人类物质生产的极大繁荣

“纵观世界文明史，人类先后经历了农业革命、工业革命、信息革命。每一次产业技术革命，都给人类生产生活带来巨大而深刻的影响。”[①]第三次工业革命发生在20世纪下半叶，实质是新能源、新材料、新技术与互联网的创新、融合与运用，它的主要标志为数字制造技术、互联网技术和再生性能源技术之间交互的、深度的跨界融合与垂直融合，引发了生产方式、生产组织方式、管理方式、消费方式、生活方式等方面的重大变革，推动了一批新兴产业的诞生与发展，使人类进入一个高度文明与高度发达的新社会[②]。

第三次工业革命的发生是历史选择的必然结果。首先，前两次工业革命完成之后，全球煤炭和石油等能源的需求急速上升，这就必然带来能源危机和一定的社会隐患。2008年全球金融危机使得各国经济增长乏力，同时也面临资源枯竭、环境污染等重大人类社会性难题，这些都成为第三次工业革命发生的推动因素。其次，电子计算机、原子能、航天

① 中共中央文献研究室. 习近平关于科技创新论述摘编[M]. 北京：中央文献出版社，2016：86.

② 周洪宇，鲍成中. 大时代：震撼世界的第三次工业革命[M]. 北京：人民出版社，2014：30.

技术的发展成熟也为第三次工业革命提供了技术支撑，随着互联网技术、生物技术、新材料技术、新能源技术、空间技术、纳米技术和海洋技术等新技术不断涌现，第三次工业革命的到来顺理成章。与此同时，人类教育观念的转变和长久的教育成果积累塑造了各行各业的专业人才队伍，这些高质量的人力资源又反过来推动社会经济持久发展和人才队伍内部的结构优化升级，为第三次工业革命的到来提供了人才储备。再次，与以往两次工业革命不同，有专家学者对第三次工业革命进行专门研究，使得相关研究更加全面。随着杰里米·里夫金、保罗·麦基里、克里斯·安德森等学者发布了第三次工业革命相关研究成果，美国、欧盟乃至全球对第三次工业革命的讨论热情重新高涨起来①。最后，各国政府对于第三次工业革命的关注为其发展提供了制度保障。中国、美国、日本、韩国、欧盟等都非常重视第三次工业革命带来的机遇及挑战，纷纷采取应对措施，主动把握新的工业革命浪潮，政府的支持为第三次工业革命提供了强大助力。

第三次工业革命包含了新能源革命、新材料革命、新技术革命，以新的工业（产业）革命（工业再革命）为基础，其新的物质技术基础是石油能源、人工合成材料、微电子技术等，即所谓新能源、新材料、高科技。进入 21 世纪，人

① 周洪宇，鲍成中．大时代：震撼世界的第三次工业革命 [M]．北京：人民出版社，2014：31.

类文明进程正迎来以信息化、数字化、网络化、智能化为特征的新一轮产业（科技）革命。它呈现出能源网络化、制造数字化、组织模块化、发展生态化、人际和谐化等诸多特征，对人类社会生产方式、生活方式、管理方式、教育理念等形成了全方位的冲击和改变。

首先，在第三次工业革命的冲击下，以新能源为动力的清洁经济发展模式成为各国发展经济的主要目标方式。前两次工业革命对于化石能源的疯狂消耗导致地球发生了资源枯竭和环境污染，这样一种以伤害人类自我居住环境为代价的发展给人类带来了挑战，因此第三次工业革命充分利用水能、风能、潮汐能、太阳能以及生物能源等可再生资源进行生产的做法给人类应对上述挑战、走上绿色可持续发展的新路带来了希望。

其次，第三次工业革命将会对人类现有的组织形式和生产方式产生深刻影响。随着第二次工业革命的深层影响持续发酵，美国等发达国家经历了“去工业化”的过程，第三产业得到了迅速发展。劳动力迅速向第三产业转移，第一产业和第二产业的劳动力相对减少，服务业劳动力数量占全部劳动力比重达 70% 以上，制造业占本国国内生产总值的比重和世界制造业总量的比重都持续走低。但在第三次工业革命的推动下，这种格局会被打破。第三次工业革命的制造业实现数字化、网络化、分散化与可再生的绿色能源充分利用后，将使世界制造业格局和产业结构发生革命性变化。

最后，第三次工业革命将改变以往人类集中式、模式化的生产方式。前两次工业革命造就了农村人口大量涌入城镇的现象，造就了百万级人口的城市核心区、流水线运作的生产车间、分布紧密的工业区。而第三次工业革命，通过互联网与工业生产的深度融合，人们在家就可以从事生产，实现分散式经营，利用个性化的生产方式通过互联网来展示和销售自己的产品。这样不仅可以缓解城镇交通的巨大压力，也有利于提升人的生活体验和消费水平。也就是说，工业化的再升级和产业结构的高级化成为发达经济体的重要发展特征。更重要的是，大批发展中国家进入现代化经济增长模式和发展进程，使现代化前所未有地成为全球性浪潮，也使实现现代化的途径和方式呈现出更为丰富和复杂的形态。

（四）智能技术发展，加速人类物质生产的技术迭代

“第四次工业革命”的热度上升是由于 2016 年夏季达沃斯论坛的召开，在这次全球经济峰会上，世界经济论坛创始人兼执行主席克劳斯·施瓦布提出，第四次工业革命已经到来。习近平也曾强调指出，“我们要顺应第四次工业革命

发展趋势，共同把握数字化、网络化、智能化发展机遇，共同探索新技术、新业态、新模式，探寻新的增长动能和发展路径”[①]。当前，学界普遍认为人工智能、清洁能源、机器人技术、量子信息技术、生物技术等主要技术的广泛应用，正在以更快的速度、更广的范围影响和改变着世界的面貌，这标志着以全面全新的技术创新为基础的智能化时代已经到来。

第四次工业革命的主要特征和第三次工业革命的特点有些相似但依旧有所差别，这和两次工业革命发生的时间、外部环境等有着很大的关系。首先，第四次工业革命最大的特点就是多重技术融合发展。第一次工业革命中与蒸汽机有关的一系列发明创新，促进了以棉纺业为代表的轻工业的发展，推动了农业经济向工业经济的转型；第二次工业革命中发电机和内燃机广泛应用，钢铁、石油化工和汽车产业开始迅猛发展，电灯、电话等大众消费品需求与日俱增，整个工业生产形成了以规模化、标准化为特征的生产模式和以重工业为主导的工业布局；第三次工业革命带来了计算机、因特网和新型通信技术的创新与发展，广泛渗透于经济社会的各个领域，催生了计算机信息产业、互联网经济、移动通信产业和数字经济等新经济形态，促进了制造业领域的信息化和自动

① 习近平．习近平谈治国理政：第 3 卷 [M]．北京：外文出版社，2020：493．

化[①]。但第四次工业革命并没有哪个单一的技术行业明显领先于其他行业，而大多是融合创新型技术的协同发展，技术全面渗透到人类日常生产生活的方方面面，同时技术交叉和融合呈现井喷式发展，技术转化为生产力的效率也得到大幅度提升。其次，人工智能带来的不确定性增加。关于智能机器人的道理伦理问题一直都是学术界和媒体讨论的重要话题，基因编程等涉及人类伦理问题的重大技术是否应该得到推广等问题依旧没有定论，拥有“自主决策能力”的机器人会不会对人类构成威胁等问题也引起了广泛关注。最后，第四次工业革命以智能化作为革命核心。智能制造不仅是指人机互动以及智能技术在生产系统和生产流程中的应用，还涉及以大数据技术实现整个企业物流生产管理的智能化[②]。这就可以最大幅度提升企业的生产效率，智能工厂、智能生产、智能物流成为第四次工业革命的突出产业特征。

尽管现代化的历史进程源自产业革命并以工业化为核心，以产业现代化和结构不断升级为发展趋势，但是现代化并非仅仅是人类文明进程中社会经济形态的转变，不仅是一个从农业、农村、传统社会向现代都市化和工业化社会过渡的巨大转

① 何枭吟，王晗．第四次工业革命视域下全球价值链的发展趋势及对策 [J]．企业经济，2017，36（6）：152．

② 王志远．把物联网及互联网引入制造业　德国欲引领“第四次工业革命”[N]．经济日报，2014-08-12（8）．

变，而且是以此为基础的一种新的文明状态逐渐形成、发展、确立和深化的历史过程；不仅包括经济结构和科学技术的质态转型升级，而且包括政治、社会、文化、价值、道德等多方面的革命性转型[①]。习近平指出："新一轮科技和产业革命正在创造历史性机遇，催生互联网 +、分享经济、3D 打印、智能制造等新理念、新业态，其中蕴含着巨大商机，正在创造巨大需求，用新技术改造传统产业的潜力也是巨大的。"[②]第四次工业革命这场方兴未艾的革命正在颠覆诸多产业现有的形态、分工和组织方式，实现多领域融通，重构人们的生活，甚至改变人与世界的关系：人类文明史中类似这样影响广泛且深远的革命性变化可谓百年一遇乃至千年一遇。虽然美国仍是世界第一大经济体和科技最为领先的创新体，但中国以及一批新兴工业化国家正在迅速崛起，成为这次现代化浪潮的积极参与者和推动者，并努力赶超以实现引领，从而促进整个人类社会物质文明发展到崭新阶段。

① 吉尔伯特·罗兹曼．中国的现代化 [M]．国家社会科学基金"比较现代化"课题组，译．南京：江苏人民出版社，2005：1．

② 中共中央文献研究室．习近平关于科技创新论述摘编 [M]．北京：中央文献出版社，2016：9．

二、社会主义物质文明是人类物质文明发展的全新阶段

社会主义物质文明与其他社会形态的物质文明有着本质上的不同。奴隶社会、封建社会中阶级的剥削和压迫建立在物质生产相对富裕的基础上，奴隶主阶级和地主阶级竭尽所能地利用其在社会中的优势经济地位展开剥削。到了资本主义社会，这种剥削变得更加严重，资本主义从其诞生开始就有强烈的掠夺和剥削色彩，正所谓："资本来到世间，从头到脚，每个毛孔都滴着血和肮脏的东西。"[①]习近平指出："西方现代化的最大弊端，就是以资本为中心而不是以人民为中心，追求资本利益最大化而不是服务绝大多数人的利益，导致贫富差距大、两极分化严重。"[②]资产阶级构建物质文明是为了通过暴力压迫和剥削的途径达到稳固统治的阶级目的。社会主义物质文明从本质上说是对资本主义物质文明的彻底超越，

① 马克思，恩格斯．马克思恩格斯文集：第 5 卷 [M]．北京：人民出版社，2009：871.

② 习近平．中国式现代化是强国建设、民族复兴的康庄大道 [J]．求是，2023（10）：24.

是人类物质文明发展的全新阶段。

（一）解放生产力、发展生产力：社会主义物质文明建设的本质要求

生产力一直都是马克思、恩格斯所强调的关键理念，是马克思、恩格斯创立唯物史观的重要理论基石。马克思、恩格斯一直批判资产阶级离开生产力去谈抽象的、神秘的、具体的生产关系这一行为，他们通过对现实经济状况细致全面的观察揭开了生产力的神秘面纱。马克思指出，“生命的生产，无论是通过劳动而生产自己的生命，还是通过生育而生产他人的生命，就立即表现为双重关系：一方面是自然关系，另一方面是社会关系；社会关系的含义在这里是指许多个人的共同活动，不管这种共同活动是在什么条件下、用什么方式和为了什么目的而进行的。由此可见，一定的生产方式或一定的工业阶段始终是与一定的共同活动方式或一定的社会阶段联系着的，而这种共同活动方式本身就是‘生产力’”[①]。这说明在马克思看来，生产力本身是一种社会的产物，一方面表现为人类对自然的开发能力，另一方面表现为人与社会

---

① 马克思，恩格斯．马克思恩格斯选集：第 1 卷 [M]．3 版．北京：人民出版社，2012：160.

的关系。在这里，马克思所讲的生产力概念本身是生产力和生产关系的统一体，生产力和生产关系体现为同一生产过程的两个方面。这其中，生产力是起决定性作用的一环，是推动社会历史发展的重要力量，决定着社会的面貌和发展阶段。这就要求我们在分析一定的社会历史现象时一定要厘清纷繁复杂的社会表象，寻找深层次的社会生产关系，然后挖掘发现起决定性作用的生产力，实事求是地根据客观情况分析问题、解决问题，从而到达否定之否定的境界，以促进生产力新的解放发展。

中国共产党百余年的历史就是一部不断解放和发展社会生产力的历史。在新民主主义革命时期，中国共产党反对帝国主义、封建主义、官僚资本主义，争取民族独立和人民解放的最终目的就是创造一个更加适宜生产力解放和发展的社会环境。毛泽东在《中国社会各阶级的分析》中从生产力的视角分析，认为地主阶级和买办阶级“代表中国最落后的和最反动的生产关系，阻碍中国生产力的发展。他们和中国革命的目的完全不相容。特别是大地主阶级和大买办阶级，他们始终站在帝国主义一边，是极端的反革命派”①。这为党深刻认识近代中国社会的主要矛盾是帝国主义和中华民族的矛盾、封建主义和人民大众的矛盾提供了方向和指引，为革命最终

① 毛泽东．毛泽东选集：第1卷[M]．2版．北京：人民出版社，1991：4.

胜利奠定了基础。新中国成立后，我们党领导人民经过三年经济恢复期，稳定了物价，统一了财经工作，推动完成了土地改革，制定了一系列符合生产力发展要求的政策，体现了毛泽东在党的七大上所强调的："中国一切政党的政策及其实践在中国人民中所表现的作用的好坏、大小，归根到底，看它对于中国人民的生产力的发展是否有帮助及其帮助之大小，看它是束缚生产力的，还是解放生产力的。"[①]在此基础上，我们党对在新的社会条件下解放和发展生产力进行了探索，逐步有效地实施五年计划，建立起独立的比较完整的工业体系和国民经济体系，建造了一个有利于生产力发展的新世界。

在改革开放和社会主义现代化建设新时期，邓小平创造性地提出了社会主义本质学说，把"解放生产力，发展生产力"纳入社会主义本质，更正了过去很长时间离开生产力抽象地谈论社会主义的片面认识，极大地推动了人们的思想解放。他指出："社会主义的任务就是要发展社会生产力，增强社会主义国家的力量，使人民的生活逐步得到改善，然后为将来进入共产主义准备基础。过去很长一个时期，我们忽视了社会主义阶段要发展生产力。……我们现在采取的措施，都是为社会主义发展生产力服务的。"[②]以邓小平为主要代表的中国共产党人做出了改革开放的伟大历史决策，做出了将党和国家的工作中心

① 毛泽东．毛泽东选集：第3卷[M]．2版．北京：人民出版社，1991：1079．

② 邓小平．邓小平文选：第3卷[M]．北京：人民出版社，1993：157．

转移到经济建设上来的重要决定，这就抓住了社会经济发展的根本问题，大大增加了对社会主义认识的深度。从更深一层来说，邓小平所强调的“解放生产力和发展生产力”是指在社会主义公有制前提下、包含社会主义生产关系、以共同富裕为目的而进行经济建设的生产力。也就是说：“在改革中坚持社会主义方向，这是一个很重要的问题。我们要实现工业、农业、国防和科技现代化，但在四个现代化前面有‘社会主义’四个字，叫‘社会主义四个现代化’。我们现在讲的对内搞活经济、对外开放是在坚持社会主义原则下开展的。社会主义有两个非常重要的方面，一是以公有制为主体，二是不搞两极分化。公有制包括全民所有制和集体所有制，现在占整个经济的百分之九十以上。”[①] 从这里就可以看出邓小平所提出的社会主义本质理论与马克思生产力学说是保持一致的，方向和本质都是一致的，这就决定了中国的改革开放始终都是姓“社”的。

中国特色社会主义进入新时代以来，习近平鲜明指出：“历史和现实都告诉我们，只要不断解放和发展社会生产力，不断增强经济实力、科技实力、综合国力，不断让广大人民的获得感、幸福感、安全感日益充实起来，不断让坚持和发展中国特色社会主义、实现中华民族伟大复兴的物质基础日益坚实起来，我们就一定能够使中国特色社会主义航船乘风

① 邓小平．邓小平文选：第 3 卷 [M]．北京：人民出版社，1993：138．

破浪、行稳致远。”[①] 这就将解放和发展生产力提高到关系全民族伟大复兴的重要高度。新时代的中国共产党人注重推动经济发展的质量变革、效率变革、动力变革，做出了以高质量发展为主题、以供给侧结构性改革为主线、建设现代化经济体系的重大决策，坚持“两个毫不动摇”落地，建立中国特色现代企业制度，加快实施创新驱动发展战略，早日解决“卡脖子”技术难题，把科技自立自强作为国家发展的重要战略支撑，加快建设创新型国家和世界科技强国的步伐。同时，习近平还强调指出：“实现‘两个一百年’奋斗目标、实现中华民族伟大复兴的中国梦，不断提高人民生活水平，必须坚定不移把发展作为党执政兴国的第一要务，坚持解放和发展社会生产力，坚持社会主义市场经济改革方向，推动经济持续健康发展。”[②] 这揭示了以生产力发展作为检验改革成效的最终标准这一命题。进入新时代以来，党中央突出问题导向，加强顶层设计和整体谋划，增强改革的系统性、整体性、协同性，推动诸多领域发生历史性变革，促进关键环节的改革更加有效，社会整体制度构造更加符合生产力快速发展的需要，更好把握社会主义物质文明建设的本质，加快中国式现代化的发展进程。

---

① 习近平．习近平谈治国理政：第 4 卷 [M]．北京：外文出版社，2022：103．

② 习近平．习近平谈治国理政：第 3 卷 [M]．北京：外文出版社，2020：23．

（二）消灭剥削、消除两极分化：社会主义物质文明建设的应有之义

在马克思看来，无产阶级肩负的历史使命就是要推翻压迫和剥削阶级，建立一个人人平等、物质与经济协同发展的共产主义社会。在马克思看来，剥削、两极分化和阶级斗争都与人类处在阶级社会有关，换言之，这些与人类社会出现的私有制有关。私有制的出现为经济上占优势的阶级剥削非优势阶级提供了前提。由此，剥削、两极分化和阶级斗争就是私有制存在的必然结果，这种剥削现象在资本主义社会尤为明显。恩格斯在其著作《英国工人阶级状况》中描述了工人受剥削的状况："在大不列颠的 419 560 个工厂工人中（1839 年）有 192 887 人（即几乎一半）是在十八岁以下；242 296 人是女性，其中有 112 192 人在十八岁以下。"[①] 这些数字背后都是鲜活的生命，这是真实发生在马克思、恩格斯生活时代的血淋淋的剥削。它突出表现为资产阶级美化"生产力"这一概念，水力、蒸汽力、人力、马力都是生产力的代表，这就为资本家占有"生产力"（即工人的劳动力）提供了理论依据，生产力和劳动力成为资本家的所有物，这就更加彰显了无产阶级和资产阶级的利益冲突和立场对立。因此，

① 马克思，恩格斯. 马克思恩格斯全集：第 2 卷 [M]. 北京：人民出版社，1957：428.

马克思主张消灭资本私人占有，认为随着私有制被消除，资本家对工人无偿劳动的占有也就被消除，剥削、两极分化和阶级现象就会逐步消灭。

就我国而言，在社会主义革命和建设时期，毛泽东强调："在我们的社会里，资本主义的经济法则是受限制的经济法则，所谓资本主义经济法则，就是剥削剩余价值，说穿了，就是唯利是图，这一条已经受到了限制。但是现在有些工厂让资本家剥削得太少了，这就不能换来国家资本主义。"[①]以毛泽东为主要代表的中国共产党人主张通过国家资本主义的方式来实现生产资料公有制，建立起社会主义经济制度。三大改造完成意味着私有制和剥削阶级的消除，中国共产党人充分发挥五千年中华优秀传统文化的智慧，建立了中国的社会主义制度，一个新国家和新社会初步展现在人们面前。人民代表大会制度、共产党领导的多党合作和政治协商制度、民族区域自治制度，以及公有制为主体的经济制度，符合我国国情，有利于调动广大人民群众和社会各方面的积极性、主动性和创造性；有利于解放和发展社会生产力，逐步实现国家富强和人民幸福；有利于集中力量办大事；有效应对建设社会主义道路上的各种风险和挑战；有利于维护民族团结、社会稳定、国家统一，集中体现了中国社会主义的特点和

---

① 毛泽东．毛泽东文集：第 6 卷 [M]．北京：人民出版社，1999：286．

优势。

在改革开放和社会主义现代化建设新时期，邓小平强调的“消灭剥削”的内涵主要有两个方面：一方面是指消灭剥削阶级。剥削阶级作为历史上从事剥削活动的主体，自然是需要被消灭殆尽的。从奴隶社会的奴隶主阶级到封建社会的地主阶级再到资本主义社会的资产阶级，都是无偿占有人民群众的劳动，趴在人民身上“吸血”的懒虫。在新中国成立后，我们党领导人民开展了三大改造，立志消灭在我国存在了上千年的剥削阶级，随着三大改造的顺利完成，我国成为不存在剥削阶级的、人民当家作主的、中国共产党领导的社会主义国家。另一方面是指消灭剥削制度。剥削制度作为剥削阶级的辅助工具，在很长一段时间内将剥削阶级的剥削行为合理合法化，通过国家暴力机器来限制革命舆论，通过文化渗透来愚昧大众，甚至在剥削阶级已经被消除之后依旧发挥作用。因此消除剥削阶级之后，消除剥削制度就自然成为新的使命任务。邓小平曾经这样解释道：“社会主义财富属于人民，社会主义的致富是全民共同致富。社会主义原则，第一是发展生产，第二是共同致富。我们允许一部分人先好起来，一部分地区先好起来，目的是更快地实现共同富裕。正因为如此，所以我们的政策是不使社会导致两极分化，就是说，不会导致富的越富，贫的越贫。坦率地说，我们不会容许产生新的资产阶级。"[①]

中国特色社会主义进入新时代以来，习近平多次强调防止两极分化的重要性："财富的创造和分配是各国都面对的重大问题。一些西方国家在社会财富不断增长的同时长期存在贫富悬殊、两极分化。有的拉美国家收入不算高，但分配差距很大。在我国社会主义制度下，既要不断解放和发展社会生产力，不断创造和积累社会财富，又要防止两极分化，切实推动人的全面发展、全体人民共同富裕取得更为明显的实质性进展。过去我们是低收入水平下的平均主义，改革开放后一部分地区、一部分人先富起来了，同时收入差距也逐步拉大，一些财富不当聚集给经济社会健康运行带来了风险挑战。"[②]这不仅要求我们要把"蛋糕"做大做好，还要求我们通过合理恰当的方式分好"蛋糕"。因此党坚持精准扶贫，攻克难关，解决难题，组织实施人类历史上最大规模的脱贫战斗；在收入分配、就业、医疗、住房保障、教育等多方面齐抓共管，尽最大力气建设一个体现效率同时还可以促进公平的收入分配体系，调节过高收入，取缔非法收入，增加低收入者收入，稳步扩大中等收入群体，推动形成更加合理的国民收入分配格局，积极发挥社会救助慈善作用，确保居民收入合理增长，让更多人在享受国家发展机遇的同时感受到社

---

① 邓小平．邓小平文选：第 3 卷 [M]．北京：人民出版社，1993：172．

② 习近平．习近平谈治国理政：第 4 卷 [M]．北京：外文出版社，2022：209．

会公平。

（三）实现全体人民共同富裕：社会主义物质文明建设的目标任务

马克思、恩格斯对资本主义在推翻封建主义过程中所起到的进步性、革命性意义给予了肯定。资本主义在一定程度上促进了生产力的发展，通过技术更新和科学理论发展运用机器改变了人类对自然的恐惧，同时也在很大程度上改变了人们日常的生产生活方式，极大提高了劳动生产率，提升了社会发展的速度，这是资本主义社会相对于封建社会来说先进性的体现。但是马克思并没有否认资本主义发展过程中的社会矛盾，财富越来越向少数人聚集和工人出力越多越吃不饱饭的情况随着资本主义的发展变得愈加明显，生产力的发展要求整个社会生产资料公共占有，但是资产阶级的天性就是少数人掌握大量财富，这就导致生产力和生产关系脱节，资本家越发无情剥削压迫劳动者，导致社会公平、人人富有、精神充足根本无法实现。因此马克思就主张建立社会主义社会来替代那个充满剥削和压迫的资本主义社会，社会主义社会不仅可以通过更加有效的公有制生产关系来促进生产力的更快发展，同时可以以社会公正、为绝大多数人谋利益以及最终实现人的自由全面发展为基本原则来促进全体人员共同劳作、共同享有社会财富，实现全体人民共同富裕。

中国共产党人作为马克思主义的继承者，一直致力于建立一个效率和公平有机统一的社会主义社会。1955 年，毛泽东从“自己要掌握自己的命运”的高度提出，“现在我们实行这么一种制度，这么一种计划，是可以一年一年走向更富更强的，一年一年可以看到更富更强些。而这个富，是共同的富，这个强，是共同的强”[①]。毛泽东强调：“这种共同富裕，是有把握的，不是什么今天不晓得明天的事。”[②]这是中国共产党人在掌握政权后对提升新生社会主义国家的生产力的一种新探索，也是马克思主义发展生产的最终导向，是我们结合国情建立属于自己的社会主义基本制度的一个重要参考。从这里开始，实现共同富裕就不仅仅是马克思主义的一个学说，而是关系整个国家和全民族前途命运的大事情。

改革开放后，邓小平再次提出共同富裕问题。1990 年 12 月，邓小平提出：“共同致富，我们从改革一开始就讲，将来总有一天要成为中心课题。社会主义不是少数人富起来、大多数人穷，不是那个样子。社会主义最大的优越性就是共同富裕，这是体现社会主义本质的一个东西。”[③]至此，中国共产

① 毛泽东．毛泽东文集：第 6 卷 [M]．北京：人民出版社，1999：495．

② 毛泽东．毛泽东文集：第 6 卷 [M]．北京：人民出版社，1999：496．

③ 邓小平．邓小平文选：第 3 卷 [M]．北京：人民出版社，1993：364．

党人真正将“共同富裕”纳入了社会主义本质的高度，对内改革、对外开放都是结合当时的国情并基于此认识部署实施的以更快地摆脱贫困为目标的战略举措。邓小平强调：“就我们国家来讲，首先是要摆脱贫穷。要摆脱贫穷，就要找出一条比较快的发展道路。贫穷不是社会主义，发展太慢也不是社会主义。否则社会主义有什么优越性呢？社会主义发展生产力，成果是属于人民的。就是说，在我们的发展过程中不会产生资产阶级，因为我们的分配原则是按劳分配。当然分配中还会有差别，但我们的目的是共同富裕。要经过若干年的努力，体现出社会主义的优越性，体现出我们走社会主义道路走得对。”①从这里我们可以看出，邓小平把共同富裕作为社会主义物质文明发展的目标和导向。

中国特色社会主义进入新时代，以习近平同志为核心的党中央带领全国各族人民坚定信心，谋划了社会主义现代化进程的步骤和方向，继续谱写中华民族共同富裕的新篇章。在理论上，习近平强调：“让广大人民群众共享改革发展成果，是社会主义的本质要求，是社会主义制度优越性的集中体现，是我们党坚持全心全意为人民服务根本宗旨的重要体现。”②习近平在邓小平的论述基础上将共同富裕和社会主义本质相联系，同时还将共同富裕提升到与社会主义制度优越性、

① 邓小平．邓小平文选：第 3 卷 [M]．北京：人民出版社，1993：255.

② 习近平．习近平谈治国理政：第 2 卷 [M]．北京：外文出版社，2017：200.

中国共产党为人民服务的宗旨相联系的高度，将共同富裕的重要地位论述成为一整个体系，在理论和实践中同步发展着具有中国特色的共同富裕事业。同时我们党也谋划了实现共同富裕的阶段性安排："要深入研究不同阶段的目标，分阶段促进共同富裕：到'十四五'末，全体人民共同富裕迈出坚实步伐，居民收入和实际消费水平差距逐步缩小。到2035年，全体人民共同富裕取得更为明显的实质性进展，基本公共服务实现均等化。到本世纪中叶，全体人民共同富裕基本实现，居民收入和实际消费水平差距缩小到合理区间。要抓紧制定促进共同富裕行动纲要，提出科学可行、符合国情的指标体系和考核评估办法。"[①]这为稳扎稳打实现共同富裕提供了阶段性的具体要求，将理念创新和实践安排统一起来，为扎实推动共同富裕提供思想保障和行动指引。

在推动共同富裕的实践中，习近平做出"共同富裕是社会主义的本质要求"的理论阐释，指出"消除贫困、改善民生、实现共同富裕，是社会主义的本质要求"[②]，将实现共同富裕的过程划分为"消除贫困"和"改善民生"两步。从消除贫困方面来说，全党上下将打赢脱贫攻坚战作为重要战略任务来抓，立志在实现全面小康的过程中不落一人。最终在建党百年之际，我国脱贫攻坚战取得了全面胜利，现行标准

① 习近平．扎实推动共同富裕[J]. 求是，2021（20）：5.

② 习近平．习近平谈治国理政：第1卷[M]．2版．北京：外文出版社，2018：189.

下 9 899 万农村贫困人口全部脱贫，832 个贫困县全部摘帽，12.8 万个贫困村全部出列，区域性整体贫困得到解决。从改善民生方面来说，党的十八大以来，以习近平同志为核心的党中央把逐步实现全体人民共同富裕摆在更加突出的位置，采取了一系列有力和有效措施保障和改善民生，扎实推进共同富裕。促进全体人民共同富裕，是以满足美好生活的需要为聚焦点的，也是形成新发展阶段的新的发展极和着力点的根据和立场。在实践中坚持以人民为中心的发展思想，妥善处理效率和公平的关系，消除贫困和改善民生是进行时，是根据实现共同富裕的阶段性目标而变化的一个动态过程。

三、实现高质量发展是中国式现代化的本质要求

在全面建设社会主义现代化强国的新征程中，深入理解高质量发展与推进中国式现代化的逻辑是我们贯彻落实高质量发展要求的重要理论前提。“高质量发展是全面建设社会主义现代化国家的首要任务。”[①]这是对更好推进党和国家事业发

① 习近平．高举中国特色社会主义伟大旗帜 为全面建设社会主义现代化国家而团结奋斗：在中国共产党第二十次全国代表大会上的报告 [M]．北京：人民出版社，2022：28.

展所做出的重要论述。以高质量发展的方式推动中国式现代化是应对世界百年未有之大变局的中国智慧，是促进新时代中国社会主要矛盾妥善解决的首要任务，也是扎实推动共同富裕目标实现的必由之路。总而言之，实现高质量发展是基于世情国情所做出的选择，是使中国式现代化向着更高目标、更高水平迈进的必由之路。

（一）高质量发展是应对世界百年未有之大变局的关键举措

马克思主义强调从经济基础和上层建筑这一社会基本矛盾出发来认识客观事物的发展变化，而物质资料的生产作为马克思论述人类社会历史发展规律的重要一环，被认为是人类社会存在和发展的前提，因此社会主义社会必须优先解放和发展社会生产力。从整个世界现代化进程来看，发展高水平经济被认为是实现现代化的前提条件和中心任务。习近平强调指出："当今世界正经历百年未有之大变局，我国发展的外部环境日趋复杂。防范化解各类风险隐患，积极应对外部环境变化带来的冲击挑战，关键在于办好自己的事，提高发展质量，提高国际竞争力，增强国家综合实力和抵御风险能力，有效维护国家安全，实现经济行稳致远、社会和谐安定。经济、社会、文化、生态等各领域都要体现高质量发展的要求。”[①]从我国改革开放的进程和现代化的实践来看，我们制定高质量发展的决策是符合我们社会主义国家的实际情况的，是为了更好应对世界局势的快速变化和推动社会主义市场经济体制的建立和完善，从而为中国的现代化事业提供了强有力的支撑。

当今世界变化速度越来越快，形势越来越复杂。习近平指出：“当前，世界之变、时代之变、历史之变正以前所未有的方式展开。一方面，和平、发展、合作、共赢的历史潮流不可阻挡，人心所向、大势所趋决定了人类前途终归光明。另一方面，恃强凌弱、巧取豪夺、零和博弈等霸权霸道霸凌行径危害深重，和平赤字、发展赤字、安全赤字、治理赤字加重，人类社会面临前所未有的挑战。世界又一次站在历史的十字路口，何去何从取决于各国人民的抉择。”[②]“百年未有之大变局”是对当今世界变化的重大判断。百年未有之大变局是指当前国际格局和国际体系正在发生深刻调整，全球治理体系正在发生深刻变革，国际力量对比正在发生近代以来最具革命性的变化，世界呈现出影响人类历史进程和趋向的重大态势。进入 21 世纪，世界大变局的调整呈现出一系列前所未有的新特征、新表现：第一是世界经济版图发生的深刻

① 习近平. 习近平谈治国理政：第 4 卷 [M]. 北京：外文出版社，2022：114.

② 习近平. 高举中国特色社会主义伟大旗帜　为全面建设社会主义现代化国家而团结奋斗：在中国共产党第二十次全国代表大会上的报告 [M]. 北京：人民出版社，2022：60.

变化前所未有，发达国家和发展中国家在国际分工体系中的地位角色发生重大转变，发达国家经济增长乏力，新兴经济体和发展中国家在世界经济中占据的份额越来越大，世界经济重心加快“自西向东”转移；第二是新一轮科技革命和产业变革带来的新陈代谢和激烈竞争前所未有，不仅有力地重构了全球创新版图、重塑了全球经济结构，而且深刻地改变了人类社会生产生活方式和思维方式，推动了生产关系变革，给国际格局和国际体系带来了广泛而深远的影响；第三是国际力量对比发生的革命性变化前所未有，发达国家内部矛盾重重、实力相对下降，一大批发展中国家群体性崛起，成为影响国际政治经济格局的重要力量；第四是全球治理体系的不适应、不对称前所未有，西方发达国家主导的国际政治经济秩序越来越难以为继，发展中国家在国际事务中的代表性和发言权不断扩大，全球治理越来越向着更加公平合理的方向发展。

在这个大变局中，中国在发挥着越来越重要的作用的同时也需要根据外部世界的变化来动态调整政策。世界正面临着新一轮科技革命和产业变革，引发了经济全球化退潮和全球产业链、供应链调整，其中国际力量对比变化和大国博弈加剧逐渐变成大变局中的最大变量。“一方面，和平与发展仍然是时代主题，新一轮科技革命和产业变革深入发展，国际力量对比深刻调整，人类命运共同体理念深入人心。另一方面，国际形势的不稳定性不确定性明显增加，新冠肺炎疫情大流行影响广泛深远，经济全球化遭遇逆流，民粹主义、排外主义抬头，单边主义、保护主义、霸权主义对世界和平与发展构成威胁，国际经济、科技、文化、安全、政治等格局都在发生深刻复杂变化。”[①]这些都意味着我国面对的外部环境日趋复杂。

发展是解决我们面临的一切问题的关键，我们要推动全面深化改革向着构建新发展格局、推动高质量发展的方向去努力。目前我国已转向高质量发展阶段，主要特征是从“数量追赶”转向“质量追赶”，从“规模扩张”转向“结构升级”，从“要素驱动”转向“创新驱动”，从“分配失衡”转向“共同富裕”，从“高碳增长”转向“绿色发展”[②]。高质量发展不仅可以为中国式现代化的实现提供强大的物质基础，可以解决中国式现代化进程中发展不平衡不充分的问题，还可以提供一条全新的人与自然和谐发展的可持续之路，可以构建起安全高效的内外联动机制，是我们应对世界百年未有之大变局的关键举措。因此，我们必须转变发展方式。

① 习近平．习近平谈治国理政：第 4 卷 [M]．北京：外文出版社，2022：119–120.

② 王一鸣．百年大变局、高质量发展与构建新发展格局 [J]．管理世界，2020（12）：4–6.

（二）高质量发展是解决新时代我国社会主要矛盾的首要任务

高质量发展不仅是应对外部环境变化的主动作为，也是着力解决新时代我国社会主要矛盾的战略抉择。习近平指出："党的百年奋斗历程告诉我们，党和人民事业能不能沿着正确方向前进，取决于我们能否准确认识和把握社会主要矛盾、确定中心任务。什么时候社会主要矛盾和中心任务判断准确，党和人民事业就顺利发展，否则党和人民事业就会遭受挫折。"[①]党的十八大的胜利召开标志着中国特色社会主义进入新时代，我国社会主要矛盾已经转化为人民日益增长的美好生活需要和不平衡不充分的发展之间的矛盾。一方面，人民群众对"美好生活"的评判标准在不断提升，不仅需要吃得饱、穿得暖的物质美好生活，也需要文化、民主、法治、公平、正义、安全、环境各方面协调发展的美好生活，秉持人民至上原则的中国共产党肩负起实现人民对美好生活向往的责任。另一方面，我们当前的国家治理能力和社会"需求供给"，包括经济建设、政治建设、文化建设、社会建设和生态文明建设各方面"供给"，在能力和水平上表现出不平衡不充分的特征，存在着一定程度的脱节现象。我们不能高效地运

① 习近平．习近平谈治国理政：第 4 卷 [M]．北京：外文出版社，2022：30.

用供给来满足人民的多方面需要，这成为我国社会主要矛盾的主要方面。解决好我们供给层面不平衡不充分发展的突出问题，是处理好我国社会主要矛盾的关键，也是新发展阶段推动经济发展的重要任务。

发展的不平衡不充分本质上依旧是发展质量问题，这要求我们必须优先提升发展质量和效益，在量的积累基础上注重质的大幅提升。当前，我国经济已由高速增长阶段转向高质量发展阶段。从世界范围来看，这是每个国家都需要经过的阶段，但是并非所有的国家在这个阶段都可以自然地转向中高速稳定增长，许多国家由此陷入了“中等收入陷阱”。“只有推动高质量发展，才能适应科技新变化、人民新需要，提供更多优质产品和服务。只有推动高质量发展，才能从‘有没有’转向‘好不好’，以不断满足人民群众个性化、多样化、不断升级的需求。要着力解决不平衡不充分的发展问题，推动经济发展质量变革、效率变革、动力变革，推动经济实现质的有效提升和量的合理增长，增强经济竞争力、创新力、抗风险能力，使我国经济迈上更高质量、更有效率、更加公平、更可持续、更为安全的发展之路。”[①]高质量发展是助力国内产业结构优化升级、确保核心技术安全的发展路径，这是从国内国际双循环的大格局视角下做出的主动应变，是我们

① 刘伟，刘守英．以高质量发展推进中国式现代化 [J]．红旗文稿，2022（24）：11．

基于国内市场和以制造业为主体，打造具有更高竞争力和更强附加值的制造业，尤其是在国家安全和重要行业领域实现国产核心技术全部覆盖，不再被“卡脖子”，以实现充分自主可控而做出的战略谋划。同时，高质量发展是协调城乡融合发展和统筹区域协同发展的发展路径。“一方面，城乡经济循环是国内大循环的重要方面，也是确保国内国际两个循环比例关系健康的关键因素。实现农业农村现代化是我国作为发展中国家全面建设社会主义现代化的重大任务，是解决新发展阶段发展不平衡不充分问题的必然要求。另一方面，区域发展不平衡是制约我国经济发展的重要因素，高质量发展要求在区域协调发展基础上构建有效合理的区域经济布局和国土空间体系。”①此外，高质量发展是以现代化经济体系作为基础体系支撑的发展路径。推动现代化经济体系的建立是实现国民经济良性循环的重要保障，也是促进国民经济发展数量和质量并举的升级举措，只有在这种健康状态下运行的体系才是贯彻新发展理念、构建新发展格局、促进高质量发展的重要抓手。因此，我国主动放缓经济增速，推动经济高质量发展，进而带动科技、社会等其他方面高质量发展，引领经济转入中高速增长的轨道，从而保持促进经济稳定增长、社会有序运行的内在动力。

---

① 刘伟，刘守英．坚持以高质量发展为主题　推进中国式现代化历史进程[J]．前线，2022（11）：98．

在这个过程中必须明确的是，高质量发展促进社会主要矛盾解决的最终目的是实现共同富裕。这为扎实推动高质量发展，更好处理和解决新发展阶段社会主要矛盾提供了基本路向和根本目标。我们既要在解决高质量发展发展过程中处理好发展不平衡不充分的问题，不断满足人民日益增长的美好生活需要，也要致力于把促进全体人民共同富裕作为为人民谋幸福的着力点，通过推进共同富裕使人民的美好生活需要具有物质基础的支撑。明确发展是党执政兴国的第一要务，明确我们依旧处于社会主义初级阶段的基本国情，明确我国依旧是世界上最大的发展中国家这一国际地位。在此前提下，唯有不断夯实我们的物质基础，补齐短板，坚持问题导向，才能打造物质文明和精神文明协调发展的社会主义现代化强国。

（三）高质量发展是扎实推动全体人民共同富裕的必由之路

高质量发展是实现共同富裕的经济基础，也是进一步扎实推动共同富裕的现实需要。共同富裕是实现高质量发展和构建新发展格局的最终目的，习近平强调，“共同富裕是社会主义的本质要求，是中国式现代化的重要特征，要坚持以人民为中心的发展思想，在高质量发展中促进共同富裕”[①]。这就明确了高质量发展和共同富裕的关系。“高质量发展是体现新发展理念的发展，与发展不平衡、不协调、不包容等发展质量不高的现实情况形成鲜明对比，可以有效地解决城乡间、行业间、群体间发展差距过大等现实问题，是实现共同富裕目标的根本路径。”[②]高质量发展是在我国社会主义公有制前提下均衡发展生产力，以满足人民日益增长的美好生活需要和促进人的自由全面发展为目标而采取的经济举措。共同富裕是中国特色社会主义的本质要求，是中国式现代化的重要特征，也是高质量发展的最终导向。

首先，共同富裕是实现高质量发展的最终目的。一是享有共同富裕的主体是全体社会成员。“共同”是指全部社会成员，就是说如果有一个人没能享受到共同富裕的红利，那就不算是真正的“共同”，这是对一个社会性质的考察，在资本主义社会就不会有真正意义上的共同富裕；“富裕”是指发展水平，就是说如果发展程度不能到达某一确定的水平就不是真正的富裕，这是对一个经济体发展动力和层次的考察。目前，我国已经确立了社会主义性质的基本制度，并且在 70 余年的时间内已经证明了中国特色社会主义制度的优越性。因此，就目前而

① 习近平主持召开中央财经委员会第十次会议强调 在高质量发展中促进共同富裕 统筹做好重大金融风险防范化解工作 [N]. 人民日报，2021-08-18（1）.

② 蒋永穆，谢强 . 在高质量发展中促进共同富裕 [J]. 社会科学辑刊，2022（4）：97.

言，实现“富裕”成为我们的主要任务，高质量发展就是我们达到“富裕”的最优举措和适当方式。二是共同富裕要以人的自由全面发展作为主要条件。人的自由全面发展内在地包含了物质财富极大丰富、精神境界极大提高的要求，而高质量发展为促进人类物质生活和精神生活同步发展提供了重要保障。

其次，高质量发展是实现共同富裕的经济基础。一是高质量发展有利于降低经济成本，拓展共同富裕的发展空间。在过往很多年的发展过程中，我国采取的粗放式发展方式往往需要高成本，包含了大量的劳动力、资本及物质资源的低效投入，不仅资源耗费过多，还导致劳动报酬在国民收入分配中的份额较低、提升空间小，劳动者在物质和精神上都不能真正享有共同富裕。但高质量发展可以转变这样一种粗放式的发展方式，利用创新驱动产业升级，优化产业结构配置，提高劳动生产率，从而减少生产者的劳动时间和劳动强度，提升劳动报酬在国民收入分配中的份额，实现居民收入增长和经济增长基本同步、劳动报酬提高与劳动生产率提高基本同步，从而在物质层面和精神层面不断拓展共同富裕的空间。二是高质量发展有利于保护环境，提升共同富裕的实现程度。以往的粗放式发展方式造成了煤炭、石油等资源开采过度，导致生态环境污染治理困难，经济增长的同时也透支了后辈的资源量，影响到子孙后代的生存环境。高质量发展旨在推进绿色生产方式深入人心，注重在发展中保护自然生态，加强环境污染治理，将推进经济发展与保护生态环境有机结合起来，统筹推进经济发展与环境保护，坚持绿色发展、循环发展、低碳发展，是提升全体人民共同富裕实现程度的重要路径。三是高质量发展有利于防范经济波动，保障共同富裕的稳定推进。粗放式发展方式过度依赖投资拉动，长此以往，会引起经济周期性波动，引发局部乃至系统性金融风险。在经济全球化迅速发展的今天，全球市场更加容易受到冲击。而高质量发展主要依靠创新驱动来促进经济增长，通过全要素生产率的提高来带动经济较快增长，因此经济波动的幅度就会降低，这有利于保持物价总水平相对稳定，在为推进共同富裕提供动力支持的同时创造稳定条件。

最后，实现高质量发展和实现共同富裕都是我们推动人民享有更好物质生活和精神生活的举措和目标，都是一个长期的过程。以高质量发展持续促进共同富裕就要求我们必须坚定信心，保持定力，对发展过程的长期性、艰巨性、复杂性有充分估计。发展是解决我国一切问题的关键和基础，实现共同富裕需要以经济发展为基础，要摆正心态，把“蛋糕”做大做好，然后通过合理的制度安排正确处理增长和分配的关系，把“蛋糕”切好分好，让广大人民群众充满获得感、幸福感、安全感，更加充实、更有保障、更可持续。既要不断解放和发展社会生产力，不断创造和积累社会财富，又要防止两极分化，切实推动人的全面发展、全体人民共同富裕取得更为明显的实质性进展。

第四章

精神文明与中国式现代化

人无精神不立，国无精神不强。习近平指出：“一个没有精神力量的民族难以自立自强，一项没有文化支撑的事业难以持续长久。”[①] 中华民族之所以能够在历史长河中顽强生存、不断发展，一个很重要的原因就在于具有一脉相承的精神追求、精神特质、精神脉络。社会主义现代化坚持以人为本，追求的是人的全面发展和社会的全面进步。物质贫困不是社会主义，精神贫乏也不是社会主义。“中华文明历来把人的精神生活纳入人生和社会理想之中。”[②] 社会主义精神文明是中国特色社会主义的重要特征，也是中国式现代化的基本特色。只有物质文明建设和精神文明建设都搞好，国家物质力量和精神力量都增强，全国各族人民物质生活和精神生活都

① 习近平．习近平谈治国理政：第 1 卷 [M]．2 版．北京：外文出版社，2018：52．

② 中共中央党史和文献研究院．习近平关于中国式现代化论述摘编 [M]．北京：中央文献出版社，2023：102．

改善，中国式现代化才能顺利推向前进，中华民族伟大复兴的中国梦才能成功实现。新时代新征程，要以丰富人民精神世界为导向加强社会主义精神文明建设，重视思想的感召、价值的引领、精神的驱动、文明的涵养，不断增强实现中华民族伟大复兴的精神力量。

一、社会主义精神文明是社会主义社会的重要特征

社会主义社会的优越性不仅表现在物质文明上，而且表现在精神文明上。社会主义精神文明是社会主义制度的客观要求，是社会主义固有的特征。关于社会主义特征问题，马克思和恩格斯从当时无产阶级革命的需要出发，着重从经济和政治方面做了概括，主要有：消灭资本主义剥削制度，建立无产阶级专政，实行生产资料公有制、按劳分配、计划经济。同时，他们还提出了“精神生产”“精神力量”“精神生产资料”“精神生活”“精神财富”等概念，初步肯定了精神文化对于社会主义的标识性意义。俄国十月革命后，列宁在论述社会主义特征时，强调社会主义的发展要求高度发达的生产力和创造比资本主义更高的劳动生产率。他还指出，必

须反对资本主义的私有观念、私有心理和私有习惯，强调对人民群众进行共产主义教育，强调共产主义理想、共产主义劳动态度、共产主义道德和共产主义纪律的重大意义。列宁在其著作中曾使用过“社会主义文化和文明”的概念，并明确指出：“只有无产阶级专政，只有社会主义国家才能够达到而且已经达到了高度的文明。”① 中国共产党人在中国特色社会主义伟大实践中创造性地提出了建设社会主义精神文明的战略任务，明确提出“社会主义精神文明是社会主义社会的重要特征”②，并把精神文明建设纳入社会主义现代化建设总体布局。

（一）社会主义精神文明是社会主义文明统一体的一个重要方面

马克思主义关于社会形态的理论是历史唯物主义的基石。任何一个社会形态，任何一种社会制度，都绝不仅仅是一种经济形态，而是经济基础与上层建筑的对立统一；是在“一定历史发展阶段上”，与一定生产力发展水平相适应的经济

① 列宁．列宁全集：第38卷[M]．2版增订版．北京：人民出版社，2017：210．

② 中共中央文献研究室．十三大以来重要文献选编：上[M]．北京：人民出版社，1991：115．

制度、政治制度和思想文化的有机统一体。建立在一定生产力水平基础上的社会，既有“骨骼”，又有“血肉”，缺少其中的哪一部分都是残缺不全的。因此，对于一个社会的特征，必须从经济基础与上层建筑的诸方面做全面的考察，经济基础决定上层建筑，上层建筑又反作用于经济基础。精神文明，是包含在意识形态的范畴之内的，它是由一定的社会物质生活条件和经济基础等社会存在所决定的。研究一种社会形态的特征，固然首先要看它的经济基础和政治制度，然而考察与之相适应的精神文明的性质也是一个重要方面，因为精神文明也是一个社会的重要特征之一。社会主义作为一个完整的社会形态、崭新的文明统一体，它的基本特征当然包括社会主义精神文明。

社会主义社会和任何社会形态一样，都是一定的经济、政治和思想文化的统一体。这个统一体的三个方面是相辅相成、相互促进的。经济是基础，政治是经济的集中表现和根本保证，思想文化则是经济和政治的反映，同时对经济和政治有很大的影响。社会主义在经济、政治和思想文化等方面的特征并不是各自孤立、相互割裂的，而是相互影响、相互渗透、相互作用、相辅相成的。生产资料公有制是社会主义大厦的基础，高度民主是社会主义社会的支柱和保证，高度的精神文明是社会主义的灵魂。社会主义的经济制度是决定社会主义性质的最基本的特征，高度民主的政治制度是标志社会主义的上层建筑与其他社会根本不同的重要特征，社会主义精神文明是标志社会主义的意识形态与其他社会有本质区别的重要特征，社会主义就是这几方面重要特征的综合。建立人民民主专政，使无产阶级和劳动人民摆脱了被压迫、被奴役的地位，翻身当家做主人，在政治上获得解放；进行社会主义改造和社会主义经济建设，使无产阶级和劳动人民摆脱了剥削和贫困，走共同富裕的道路，在经济上获得解放；而建设社会主义精神文明能使人们最终冲破剥削阶级的思想牢笼，摆脱愚昧和无知，在精神上获得解放，没有精神上的解放，也不可能有彻底的经济解放和政治解放。

社会主义精神文明建设是我国社会主义现代化建设总体布局中不可缺少的有机组成部分，它具有十分重要的战略地位。如果把这个统一体分割开来，只讲社会主义的经济建设和民主政治建设，不讲社会主义精神文明建设，就不能正确理解社会主义社会，更不能全面建设社会主义现代化强国。毛泽东在《新民主主义论》中就曾经指出：我国新民主主义革命后所建立的新社会和新国家，“不但有新政治、新经济，而且有新文化”[①]，中国共产党“不但要把一个政治上受压迫、经济上受剥削的中国，变为一个政治上自由和经济上繁荣的中国，而且要把一个被旧文化统治因而愚昧落后的中国，变

① 毛泽东. 毛泽东选集：第 2 卷 [M]. 2 版. 北京：人民出版社，1991：663.

为一个被新文化统治因而文明先进的中国”①。在文章的结尾，他进一步指出：“新民主主义的政治、新民主主义的经济和新民主主义的文化相结合，这就是新民主主义共和国，……这就是我们要造成的新中国。”②毛泽东的这一论述明确把新文化同新政治、新经济一起作为新中国的重要特征。建设社会主义国家，不仅要重视生产力系统的建构，也要高度重视上层建筑系统的建构。正如邓小平在改革开放后明确指出的：“在社会主义国家，一个真正的马克思主义政党在执政以后，一定要致力于发展生产力，并在这个基础上逐步提高人民的生活水平。这就是建设物质文明。过去很长一段时间，我们忽视了发展生产力，所以现在我们要特别注意建设物质文明。与此同时，还要建设社会主义的精神文明，最根本的是要使广大人民有共产主义的理想，有道德，有文化，守纪律。国际主义、爱国主义都属于精神文明的范畴。”③从中我们可见，中国共产党在领导人民建设社会主义现代化国家的历程中，始终重视建设社会主义精神文明，并将其视为中国特色社会主义事业的一个有机组成部分。

---

① 毛泽东．毛泽东选集：第 2 卷 [M]．2 版．北京：人民出版社，1991：663．

② 毛泽东．毛泽东选集：第 2 卷 [M]．2 版．北京：人民出版社，1991：709．

③ 邓小平．邓小平文选：第 3 卷 [M]．北京：人民出版社，1993：28．

（二）社会主义精神文明是社会主义区别于资本主义的显著标志

社会主义精神文明是社会主义的重要特征，还因为它是社会主义社会优越于资本主义社会的一个重要标志。马克思和恩格斯曾经指出，“统治阶级的思想在每一时代都是占统治地位的思想。这就是说，一个阶级是社会上占统治地位的**物质**力量，同时也是社会上占统治地位的**精神**力量。支配着物质生产资料的阶级，同时也支配着精神生产资料”[①]。从奴隶社会到资本主义社会，由于精神文明是在生产资料私有制的基础上产生的，是以阶级剥削为核心的，所以，它的全部内容和发展都同对劳动人民的奴役和压迫联系在一起。剥削阶级不仅垄断了社会的精神财富，而且以此作为维护本阶级统治地位的工具，而劳动人民却处于精神压迫和奴役的地位，难以产生真正的文明。

资产阶级建立资本主义社会已经有了几百年的历史，他们发展了强大的生产力，创造了巨大财富，同时建立了以资产阶级思想为核心的资本主义精神文明。随着资本主义物质文明的发展，资产阶级虽然创造了比奴隶社会、封建社会文明程度更高的精神文明，甚至可以说把私有制社会的精神文

① 马克思，恩格斯. 马克思恩格斯文集：第1卷[M]. 北京：人民出版社，2009：550.

明推到了顶点，但是，它并没有也不可能消除阶级对立和压迫，并没有也不可能改变精神文明的阶级本质，相反，愈来愈使与资本主义生产关系相适应的以利己主义为核心的资本主义精神文明发展到顶峰。资本主义精神文明的核心是资产阶级的利己主义和个人主义。科学和文化教育都成为资产阶级追逐利润的工具，人们仅仅把劳动、职业看作满足个人欲望的手段。资产阶级“**全部**官方的和自由派的科学都这样或那样地为雇佣奴隶制**辩护**”①。恩格斯在揭露私有制基础上的精神文明的实质时说：“鄙俗的贪欲是文明时代从它存在的第一日起直至今日的起推动作用的灵魂；财富，财富，第三还是财富——不是社会的财富，而是这个微不足道的单个的个人的财富，这就是文明时代唯一的、具有决定意义的目的。”②

资本主义精神文明的思想核心是资产阶级个人主义或利己主义，它贯穿在资本主义精神文明的一切领域、一切方面。在资本主义社会，人们精神空虚、思想颓废、道德败坏，使人愈加陷入金钱万能、钩心斗角的利己主义的冰水之中。资产阶级梦寐以求的是最大的利润、敲骨吸髓的剥削和花天酒地的生活，致使穷奢极欲、虚伪奸诈、诲淫诲盗等现象充斥整个社会。对于资本主义社会的精神文明，马克思曾以尖刻的笔锋做过淋漓尽致的描绘，他在描述资本家的心理时写道：

① 列宁．列宁全集：第 23 卷 [M]．2 版增订版．北京：人民出版社，2017：41.

② 马克思，恩格斯．马克思恩格斯文集：第 4 卷 [M]．北京：人民出版社，2009：196.

“我**是**丑的，但我能给我买到**最美的**女人。可见，我并不**丑**，因为**丑**的作用，丑的吓人的力量，被货币化为乌有了。”①他在《资本论》中引用了托·约·邓宁的观点：“一旦有适当的利润，资本就胆大起来。如果有 10% 的利润，它就保证到处被使用，有 20% 的利润，它就活跃起来，有 50% 的利润，它就铤而走险；为了 100% 的利润，它就敢践踏一切人间法律；有 300% 的利润，它就敢犯任何罪行，甚至冒绞首的危险。”②由此可知，这种建立在私有制基础之上的除科学技术之外的精神文明，完全是没落的剥削阶级的文明，它同资本主义制度一样，是奴役劳动人民的桎梏，必将同它的经济基础、政治制度一起遭到灭亡的厄运。

社会主义精神文明与过去各个社会包括资本主义社会的精神文明有着历史的继承性和连续性。社会主义精神文明中有些部分、有些具体内容是人类进入文明时代以来所共有的，它包括任何一个社会要存在和发展所必须具备的某些思想和行为准则。但是，社会主义精神文明与资本主义精神文明是有着根本性的区别的。建立在生产资料公有制基础之上的社会主义精神文明，不仅吸收和改造了人类社会发展过程中的一切进步成果，而且以人类最进步、最合理的马克思主义为指导，以共产主义思想为核心。因而，它是人类精神文明发

① 马克思，恩格斯．马克思恩格斯文集：第 1 卷 [M]．北京：人民出版社，2009：244．

② 马克思，恩格斯．马克思恩格斯文集：第 5 卷 [M]．北京：人民出版社，2009：871．

展的高级阶段，是完全新型的精神文明。

首先，社会主义精神文明是以生产资料公有制为基础的。社会主义精神文明，是同社会主义生产关系相联系的，是建立在生产资料公有制基础之上的。在社会主义社会里，由于消灭了剥削制度，人与人之间的关系、人们的精神面貌和社会风尚都发生了深刻的变化。生产资料公有制决定了人们会有共同的根本利益，共同的理想、信念和道德标准，共同的纪律，共同的奋斗目标。这种制度本身就要求人们树立共产主义思想、道德，改变在私有制社会形成的封建宗法式的社会关系和资产阶级利己主义的社会关系，而代之以新型的团结友爱、互助合作、共同奋斗、共同前进的社会关系。社会主义精神文明的思想核心是集体主义，它贯穿在社会主义精神文明的一切领域、一切方面。在社会主义社会里，集体主义成为生产资料公有制基础上人们的行为准则和道德规范。

其次，社会主义精神文明是以马克思主义理论为指导的。社会主义精神文明是以共产主义思想体系，即马克思主义这个人类历史上最优秀、最革命、最科学的思想理论体系为基础的。“马克思创建了唯物史观和剩余价值学说，揭示了人类社会发展的一般规律，揭示了资本主义运行的特殊规律，为人类指明了从必然王国向自由王国飞跃的途径，为人民指明了实现自由和解放的道路。”[①]马克思主义在社会主义制度建立以前就是无产阶级领导人民群众进行革命斗争的指导思想，在社会主义制度建立以后，它就成了社会主义精神文明的支柱，成了社会主义社会占统治地位的社会意识。实践反复证明，对于精神文明领域阵地，如果马克思主义不去占领，反马克思主义的东西就必然会去占领；先进繁盛的精神文化不去占领，落后腐朽的精神文化就必然会去占领；积极健康的社会思潮不去占领，消极堕落的社会思潮就必然会去占领。

最后，社会主义精神文明是以丰富人民精神世界为目标的。社会主义精神文明是体现无产阶级和劳动人民的根本利益和共同要求的精神文明。在社会主义社会里，教育、科学、文化事业都是为人民服务、为社会主义服务的，是为广大人民群众所共同占有和享受的。社会主义制度不仅使劳动人民在政治上翻身当家做主人，在经济上走上共同富裕的康庄大道，“而且使每个人都有充分的闲暇时间去获得历史上遗留下来的文化——科学、艺术、社交方式等等——中一切真正有价值的东西；……还要把这一切从统治阶级的独占品变成全社会的共同财富并加以进一步发展”[②]。随着社会主义社会不断解放和发展生产力，人民物质文化需要不断得到满足，社会主义精神文明也将实现更高水平的发展，这必将促进物的全

① 习近平．在纪念马克思诞辰 200 周年大会上的讲话 [M]．北京：人民出版社，2018：8．

② 马克思，恩格斯．马克思恩格斯文集：第 3 卷 [M]．北京：人民出版社，2009：258．

面丰富和人的全面发展，培育出一代又一代社会主义新人。

（三）社会主义精神文明是社会主义向共产主义过渡的重要条件

社会主义“是刚刚从资本主义社会中产生出来的”[①]新社会的第一阶段。它所面临的历史任务之一是消除在经济、政治、道德、精神上的旧痕迹，在它自身的发展过程中实现同传统观念的彻底决裂。对于旧社会遗留下来的经济方面的痕迹，我们用社会主义政权和社会主义经济建设的巨大成就来加以消除。在这个方面，批判的武器是不能代替武器的批判的，物质的力量只有用物质的力量才能摧毁。但是，对旧社会遗留给社会主义社会的精神病毒，武器的批判同样不能代替批判的武器，精神的力量只有用精神的力量才能摧毁。在社会主义阶段，要消除旧社会遗留下来的精神病毒，要在意识形态方面同传统的私有观念彻底决裂，只有靠共产主义思想的长期灌输、教育和影响，只有靠社会主义精神文明的全面培育、开花和结果，从而造成一个个社会主义的思想阵地和文化阵地，造成一批批社会主义新人，才能从根本上取而

① 马克思，恩格斯．马克思恩格斯文集：第 3 卷 [M]．北京：人民出版社，2009：434.

代之，战而胜之。也就是说，“社会主义社会是向着未来共产主义高级阶段的目标不断前进的，这个进程不能仅仅依靠物质财富的增长，还必须依靠人们共产主义思想觉悟的不断提高和革命精神的不断发扬”[①]。因此，从社会主义发展前途的政治高度上看，社会主义现代化建设必须一手抓物质文明，一手抓精神文明。如果只抓物质文明建设而忽视精神文明建设，就会使社会主义社会失去前进的方向，走向畸形发展或变质的邪路。

社会主义精神文明作为一种意识形态，固然是以社会主义生产方式为基础的，但它又对巩固和发展社会主义的经济基础和政治制度有着不可替代、不可低估的影响和作用。关于这一点，恩格斯曾经指出：“政治、法、哲学、宗教、文学、艺术等等的发展是以经济发展为基础的。但是，它们又都互相作用并对经济基础发生作用。这并不是说，只有经济状况才是**原因，才是积极的**，其余一切都不过是消极的结果。”[②]社会主义公有制之所以能建立，剥削制度之所以能消灭，劳动人民之所以能翻身当家做主人，社会主义民主之所以能实现，这一切正是在共产主义思想指导下的共产主义运动的产物。而社会主义公有制的发展和完善，也离不开马克

① 中共中央文献研究室．改革开放三十年重要文献选编：上 [M]．北京：中央文献出版社，2008：275.

② 马克思，恩格斯．马克思恩格斯文集：第 10 卷 [M]．北京：人民出版社，2009：668.

思主义尤其是中国化时代化的马克思主义的指导，以及共产主义思想、道德的影响；按劳分配的正确实行，也离不开共产主义的劳动态度；健全和发扬社会主义民主，当然也离不开社会主义精神文明的建设。然而，旧社会遗留下来的私有观念和剥削阶级意识，却绝不会随着物质文明的发展而销声匿迹。建设和发展高度的精神文明，是社会主义制度的显著优势。如果忽视了社会主义精神文明这个特征，"人们对社会主义的理解就会陷入片面性，……那样，我们的现代化建设就不能保证社会主义的方向，我们的社会主义社会就会失去理想和目标，失去精神的动力和战斗的意志，就不能抵制各种腐化因素的侵袭，甚至会走上畸形发展和变质的邪路"①。

建设社会主义精神文明是为发展到共产主义高级阶段创造条件。共产主义社会制度是人类历史上最进步、最合理、最美好的社会制度。但是，正如列宁在《国家与革命》中指出的，实现共产主义的前提"既不是现在的劳动生产率，也不是现在的庸人"②。实现这种理想的社会，从物质准备上说，最根本的就是极大地提高劳动生产率，造成高度发展的生产力；从精神准备上说，最根本的就是改变"现在的庸人"，即改造缺乏社会主义精神文明的人，为人们德、智、体、美的

① 中共中央文献研究室．改革开放三十年重要文献选编：上 [M]．北京：中央文献出版社，2008：275.

② 列宁．列宁全集：第 31 卷 [M]．2 版增订版．北京：人民出版社，2017：93.

全面发展创造条件。而这两方面的准备都离不开科学文化的高度发展和人们觉悟的极大提高。在现代，科学技术的发展，已越来越成为提高劳动生产率的重要途径和手段。生产力要高度发展，离开教育、科学、文化的发达是不可能的。列宁讲过："在一个文盲的国家内是不能建成共产主义社会的。"[①]而在提高劳动生产率、发展高度生产力的同时，努力发展科学文化和提高人的觉悟，更是造就自由全面发展的人的需要。显而易见，不发展以共产主义思想为核心的社会主义精神文明，要过渡到人类最美好的共产主义社会是绝不可能的。所以，高度的社会主义精神文明是由社会主义向共产主义过渡的必要条件之一。

二、丰富人民精神世界是中国式现代化的本质要求

中国式现代化是中国共产党领导的社会主义现代化。"丰富人民精神世界"[②]是中国式现代化的本质要求。丰富人民精

① 列宁．列宁全集：第 39 卷 [M]．2 版增订版．北京：人民出版社，2017：344.

② 习近平．高举中国特色社会主义伟大旗帜　为全面建设社会主义现代化国家而团结奋斗：在中国共产党第二十次全国代表大会上的报告 [M]．北京：人民出版社，2022：23.

神世界是我们党探索中国式现代化进程中念兹在兹的大事要事，是中国式现代化坚持物质文明和精神文明相协调的必然结果和显著优势。在全面建设社会主义现代化国家的新征程上，丰富人民精神世界有着极为重要的意义和价值。

（一）丰富人民精神世界是新征程上拓展和深化中国式现代化的重要目标

“中华文明是世界上唯一绵延不断且以国家形态发展至今的伟大文明。”[①]得益于发达的物质生产和厚重的文明涵育，古代中国的精神生产在相当长的历史时期内处于世界领先地位。五千多年的中华文明史“产生了灿若星辰的文艺大师，留下了浩如烟海的文艺精品，不仅为中华民族提供了丰厚滋养，而且为世界文明贡献了华彩篇章”[②]。可以说，中国人民和中华民族长期以来有着恢宏丰富的精神世界。但自鸦片战争以来，“创造了灿烂文明的中华民族遭遇到文明难以赓续的深重危机，呈现在世界面前的是一派衰败凋零的景象”[③]，中华民族

---

① 习近平．在文化传承发展座谈会上的讲话 [J]．求是，2023（17）：5.

② 习近平．论党的宣传思想工作 [M]．北京：中央文献出版社，2020：95.

③ 中共中央关于党的百年奋斗重大成就和历史经验的决议 [M]．北京：人民出版社，2021：62-63.

在精神生产方面的优势和动能荡然无存，中国人民在精神上也开始由主动逐渐转为被动。1921 年，在马克思列宁主义同中国工人运动相结合的进程中，中国共产党应运而生，从此，“中国人民就从精神上由被动转为主动”[①]。百余年来，中国共产党始终把丰富人民精神世界作为党和国家事业发展的一项重要任务。毛泽东在新中国成立前夕就指出，“中国人被人认为不文明的时代已经过去了，我们将以一个具有高度文化的民族出现于世界”[②]，并把“建立中华民族的新文化”作为新中国“在文化领域中的目的”[③]。这无疑是对社会主义中国将开启丰富人民精神世界的大门的自觉自信的表达。

“在新中国成立特别是改革开放以来长期探索和实践基础上，经过十八大以来在理论和实践上的创新突破，我们党成功推进和拓展了中国式现代化。”[④]70 多年来，“丰富人民精神世界”始终是中国式现代化探索和实践的重要目标任务。新中国成立初期，针对“一穷二白”的状况，我们党就提出在致力于经济建设和政治建设的同时，要致力于文化建设，尽快改变中国文化落后的面貌，使中华民族以一个高度文明的

---

① 习近平．决胜全面建成小康社会 夺取新时代中国特色社会主义伟大胜利：在中国共产党第十九次全国代表大会上的报告 [M]．北京：人民出版社，2017：13.

② 毛泽东．毛泽东文集：第 5 卷 [M]．北京：人民出版社，1996：345.

③ 毛泽东．毛泽东选集：第 2 卷 [M]．2 版．北京：人民出版社，1991：663.

④ 习近平．高举中国特色社会主义伟大旗帜 为全面建设社会主义现代化国家而团结奋斗：在中国共产党第二十次全国代表大会上的报告 [M]．北京：人民出版社，2022：22.

民族形象屹立于世界民族之林。毛泽东特别强调文化建设“应为全民族中百分之九十以上的工农劳苦民众服务，并逐渐成为他们的文化”[①]。改革开放伊始，在大力推动经济建设的同时，我们党创造性地提出建设高度的社会主义精神文明的重大时代课题，邓小平明确指出，“搞社会主义精神文明，主要是使我们的各族人民都成为有理想、讲道德、有文化、守纪律的人民”[②]，也就是说建设社会主义精神文明的根本目的是“丰富人民精神世界”。进入新时代，在推进和拓展中国式现代化的进程中，我们党坚持文化自信自强，以社会主义核心价值观引领文化建设，旨在“丰富人民精神世界，增强人民精神力量，满足人民精神需求”[③]。

（二）丰富人民精神世界是坚持物质文明和精神文明协调发展的显著优势

人类发展史是一部从野蛮走向文明的历史。物质生产建构物质文明，精神生产创生精神文明。物质文明和精神文明是人类认识世界、适应世界、改造世界全部有形的与无形的、

---

① 毛泽东．毛泽东选集：第 2 卷 [M]．2 版．北京：人民出版社，1991：708.

② 邓小平．邓小平文选：第 2 卷 [M]．2 版．北京：人民出版社，1994：408.

③ 中共中央文献研究室．习近平关于社会主义文化建设论述摘编 [M]．北京：中央文献出版社，2017：26.

物质的与非物质的成果的总括和结晶，共同构成了丰富多彩的人类文明。但是，在以私有制为基础的阶级社会中，精神生产同物质生产往往是对立的。这种对立是生产资料私有制的产物，也是阶级矛盾不可调和的结果。社会主义社会生产资料公有制的建立，不仅使一切物质财富，而且使全部的精神财富都成为公共所有，从而彻底地改变了精神生产的面貌。在社会主义社会中，精神生产同物质生产的一致性大大提高，广大人民群众真正有机会有条件自由自觉地从事精神生产、构建精神世界、享受精神生活，物质文明和精神文明也真正实现了协调一致发展。中国共产党是具有坚定文化自信、高度文化自觉的马克思主义政党，始终致力于建设一个既有高度物质文明又有高度精神文明的社会主义国家。新中国成立前夕，毛泽东就明确指出："中国人民业已有了自己的中央政府。……它将领导全国人民克服一切困难，进行大规模的经济建设和文化建设，扫除旧中国所留下来的贫困和愚昧，逐步地改善人民的物质生活和提高人民的文化生活。"[①]

"物质富足、精神富有是社会主义现代化的根本要求。物质贫困不是社会主义，精神贫乏也不是社会主义。"[②]新中国成

① 毛泽东．毛泽东文集：第5卷[M]．北京：人民出版社，1996：348．

② 习近平．高举中国特色社会主义伟大旗帜　为全面建设社会主义现代化国家而团结奋斗：在中国共产党第二十次全国代表大会上的报告[M]．北京：人民出版社，2022：22-23．

立后，我们党开启了大力解放和发展物质生产力和精神生产力的现代化实践，不断推进物质文明和精神文明建设。在社会主义建设中，毛泽东指出："将我国建设成为一个具有现代工业、现代农业和现代科学文化的社会主义国家。"[①]在现代化建设中，我们党把"科学文化现代化"和"四个现代化"并行推进。党的十一届三中全会后，党中央高度重视物质文明与精神文明协调发展。邓小平指出："我们要在建设高度物质文明的同时，提高全民族的科学文化水平，发展高尚的丰富多彩的文化生活，建设高度的社会主义精神文明。"[②]强调物质文明和精神文明"两手抓、两手都要硬"。党的十八大以来，习近平高度重视物质文明和精神文明协调发展，强调："以辩证的、全面的、平衡的观点正确处理物质文明和精神文明的关系"[③]，"实现中国梦，是物质文明和精神文明均衡发展、相互促进的结果"，"是物质文明和精神文明比翼双飞的发展过程"[④]。现在，全面建成小康社会取得伟大的历史性成就，全体人民不仅物质生活水平显著提高，而且精神文化生活日益丰富，人民有了"更为坚实的物质基础、更为主动的精神力

---

① 毛泽东．毛泽东文集：第7卷[M]．北京：人民出版社，1999：207.

② 邓小平．邓小平文选：第2卷[M]．2版．北京：人民出版社，1994：208.

③ 习近平．习近平谈治国理政：第2卷[M]．北京：外文出版社，2017：324.

④ 中共中央文献研究室．习近平关于社会主义文化建设论述摘编[M]．北京：中央文献出版社，2017：4–5.

量”[①]，“全党全国各族人民文化自信明显增强、精神面貌更加奋发昂扬”[②]。展望全面建设社会主义现代化国家的新征程，我们将建设更高水平的物质文明和精神文明，必将极大丰富人民精神世界、极大增强人民精神力量。

（三）丰富人民精神世界为中国式现代化提供思想保证、精神力量和道德滋养

重精神是中华民族的优良传统。中华文明延续至今五千多年依旧富有生机，一个重要原因就是一脉相承的精神追求、精神向往。中国人民精神世界内蕴的伟大创造精神、奋斗精神、团结精神、梦想精神是中华文明赓续发展的强劲支撑和内在引领。习近平指出：“一个民族的复兴需要强大的物质力量，也需要强大的精神力量。没有先进文化的积极引领，没有人民精神世界的极大丰富，没有民族精神力量的不断增强，一个国家、一个民族不可能屹立于世界民族之林。”[③]新中国成立 70 多年来，中国人民自信自强的精神力量为中国式现代化

① 中共中央关于党的百年奋斗重大成就和历史经验的决议 [M]. 北京：人民出版社，2021：61.

② 习近平．高举中国特色社会主义伟大旗帜　为全面建设社会主义现代化国家而团结奋斗：在中国共产党第二十次全国代表大会上的报告 [M]. 北京：人民出版社，2022：10.

③ 习近平．在文艺工作座谈会上的讲话 [M]. 北京：人民出版社，2015：5.

提供了精神引领、精神动力和精神支撑。中国式现代化一贯强调精神文明建设、重视人民精神世界构筑，这既是社会主义文化建设自觉自信的充分彰显，更是为了保证和促进中国式现代化健康发展的必然选择。对此，邓小平就曾指出："搞现代化一定要坚持以经济建设为中心，但要有两手，只有一手是不行的，不加强精神文明建设，物质文明建设也要受破坏、走弯路，甚至整个社会还会变质。"[①]可以说，持续建设社会主义精神文明，不断丰富人民精神世界、增强人民精神力量，是确保中国式现代化始终坚持党的领导、坚持社会主义道路，不走老路、邪路，不变质、不变色的关键所在，也是指引中国式现代化摒弃和超越西方物质主义膨胀、精神世界空虚的现代化的正确抉择。

"任何文化要立得住、行得远，要有引领力、凝聚力、塑造力、辐射力，就必须有自己的主体性。"[②]新时代新征程，以中国式现代化全面推进中华民族伟大复兴的前景无比光明，但目标任务非常艰巨，风险挑战异常严峻，对丰富人民精神世界也提出了新需求新期待。应当看到，越是接近实现中华民族伟大复兴的目标，越要清醒认识到"船到中流浪更急，人到半山路更陡"，越要重视精神的力量、思想的感召、价值的引领、文化的滋养，必须坚持以社会主义核心价值观凝聚

① 本书编写组. 改革开放简史 [M]. 北京：人民出版社，2021：63.

② 习近平. 在文化传承发展座谈会上的讲话 [J]. 求是，2023（17）：9.

人心、汇聚民力战胜前进道路上的风险挑战；应当看到，人民生活达到全面小康之后，对于优秀精神文化的需求更加旺盛，对于丰富精神世界的期待更为迫切，必须坚持以人民为中心繁荣发展文化事业和文化产业，不断增强人民精神世界的获得感；应当看到，世界百年未有之大变局加速演进，世界进入动荡变革期，意识形态领域斗争更趋激烈，我们必须以坚定的文化自信铸就社会主义文化新辉煌，建设具有强大凝聚力和引领力的社会主义意识形态。总之，在全面建设社会主义现代化国家的新征程上，“当高楼大厦在我国大地上遍地林立时，中华民族精神的大厦也应该巍然耸立”①。要更加丰富人民精神世界，举好精神之旗、立好精神之柱，建好精神家园，为中国式现代化提供更为坚强的思想保证和更加强大的精神力量，实现物的全面丰富和人的全面发展。

三、以丰富人民精神世界为导向加强社会主义精神文明建设

“丰富人民精神世界”，既是一个意义重大的时代性课题，也是一个蕴含丰富的理论性命题。根据新时代新征程中国共

① 习近平. 在文艺工作座谈会上的讲话 [M]. 北京：人民出版社，2015：6.

产党的使命任务，依循新中国成立以来特别是改革开放以来的历史经验，新时代新征程，大力推进中国式现代化必须坚持以丰富人民精神世界为导向加强社会主义精神文明建设。

（一）坚持用习近平新时代中国特色社会主义思想教育人，提高人民思想觉悟

思想觉悟是人民的精神世界的灵魂内核。马克思主义经典作家就曾提出群众觉悟水平高低是革命成功与否和理论彻底与否的关键，也是制定党的一切政策措施的依据。列宁鲜明指出："一个国家的力量在于群众的觉悟。只有当群众知道一切，能判断一切，并自觉地从事一切的时候，国家才有力量。"① 毛泽东特别强调只有在群众真正觉悟的情况下才能行动，"凡是需要群众参加的工作，如果没有群众的自觉和自愿，就会流于徒有形式而失败"②。习近平明确提出："人民有信仰，国家有力量，民族有希望。"③ 中国式现代化是一项开创性的伟大事业，人民是中国式现代化的坚实基础和实践主体。中国式现代化必须坚持人民主体地位，尊重人民首创精神，激

① 列宁．列宁选集：第 3 卷 [M]．3 版修订版．北京：人民出版社，2012：347．

② 毛泽东．毛泽东选集：第 3 卷 [M]．2 版．北京：人民出版社，1991：1012．

③ 习近平．决胜全面建成小康社会　夺取新时代中国特色社会主义伟大胜利：在中国共产党第十九次全国代表大会上的报告 [M]．北京：人民出版社，2017：42．

发人民实干力量。人民思想觉悟水平是关乎中国式现代化前途命运的一个重要问题。人民对于中国式现代化的中国特色、本质要求、目标愿景、战略部署和风险挑战的思想认识愈深刻、政治觉悟愈清醒、行动自觉愈积极，中国式现代化的事业就愈能实现高质量发展。

人的思想觉悟有层次高低，可提高进步。高度的思想觉悟是建立在科学理论学习教育的基础上的。理论上清醒，政治上才能坚定，行动上才能自觉。中国共产党百余年来高度重视思想政治教育，加强理想信念教育，其根本目的就在于提高人民的思想觉悟。新时代新征程，要提高人民思想觉悟，首要的就是坚持用习近平新时代中国特色社会主义思想铸魂育人。“习近平新时代中国特色社会主义思想是当代中国马克思主义、二十一世纪马克思主义，是中华文化和中国精神的时代精华”①，科学回答了中国之问、世界之问、人民之问、时代之问。这一思想既是国家政治生活和社会生活的根本指针，也是当代中国人民的思想之旗、精神之魂。要教育引导人民确立共产主义远大理想和中国特色社会主义共同理想，增强中国特色社会主义道路自信、理论自信、制度自信、文化自信，坚定不移听党话、跟党走；要教育引导人民深刻领悟习近平新时代中国特色社会主义思想的世界观和方法论，坚持好、运用好贯穿其中

① 中共中央关于党的百年奋斗重大成就和历史经验的决议[M]. 北京：人民出版社，2021：26.

的立场、观点和方法来认识世界、改造世界；要教育引导人民结合实践深刻把握中国式现代化的成就和经验，特别是新时代十年伟大变革的里程碑意义，从而使人民以更高的思想觉悟积极投身于中国式现代化建设的火热实践。

（二）坚持用社会主义核心价值观培育人，提升人民道德水准

道德水准是人民精神世界的道义根基。人无德不立，国无德不兴。道德是调整人与人以及个人和社会之间关系的行为规范的总和，是人类把握世界的一种特殊的实践精神方式，它构成人的精神世界的重要内容。中国是有着悠久历史和灿烂文明的礼仪之邦，中国人民始终坚守着崇德向善的宝贵精神品格，中华文化深深浸润着德礼为本、化成天下的优良传统。中国共产党领导人民在革命、建设和改革的历史进程中坚持社会主义的道德价值，继承发扬中华优秀传统文化和中华传统美德，创造形成了引领中国社会发展进步的社会主义道德体系。现代化的深刻变革，既剧烈冲击着人们的传统道德观念，也催生了与现代社会进步相适应的新道德观念和新道德规范。回首中国式现代化的历程，我们看到中国人民的道德水准总体上是获得了巨大跃进的，社会的道德主流是进

步的、光明的、向善的，中国社会的道德观念、道德规范、道德实践和道德评价标准的变革进步是客观真实和有目共睹的。当然，在一些时段、一些领域和一些人群中的局部道德失范问题、道德滑坡现象也是客观存在、不容忽视的。

社会和个人的道德发展都有一个从低到高、由下到上的道德水准阶梯。通过道德教育和道德实践，人们会具有越来越完善的道德素质，社会会形成越来越崇高的道德境界。人民较高的道德水准是顺利推进和拓展中国式现代化的道义基础和道德支撑。新时代新征程，提升人民道德水准，关键是坚持用社会主义核心价值观培育人。习近平指出："核心价值观，其实就是一种德，既是个人的德，也是一种大德，就是国家的德、社会的德。"①社会主义核心价值观为中国人民的思想和行动赋予了道德崇高性和道义正当性，指明了提升人民道德水准的前进方向，展现了新时代中国人民道德发展的美好前景，对全社会的道德观念起着整合、协调和引领的作用。要面向全体人民大力培育和弘扬社会主义核心价值观，"将国家、社会、个人层面的价值要求和道德理念贯穿到道德建设各方面，以主流价值建构道德规范、强化道德认同、指引道德实践"，"全面推进社会公德、职业道德、家庭美德、个人

---

① 中共中央文献研究室．习近平关于社会主义文化建设论述摘编 [M]．北京：中央文献出版社，2017：112．

品德建设”，“引导人们明大德、守公德、严私德”[①]，“使社会主义核心价值观成为人们日常工作生活的基本遵循”[②]，不断提升人民的道德智慧，健全人民的道德能力，涵育人民的道德境界，使其“向往和追求讲道德、尊道德、守道德的生活”[③]。

（三）坚持用社会主义精神文明化育人，涵养人民文明素养

文明素养是人民精神世界的时代样态。文明是现代化国家的显著标志，既折射着国家发展和社会进步的境界，也表征着人的观念意识和言行举止有教养的状态。马克思指出，文明人区别于野蛮人最大的特点在于“文明人自动去从事一切”[④]。这是因为文明人内在具有社会力量，文明人具备的文明素养支撑着他们参与并适应、改造并完善文明社会的生活。恩格斯指出，“文明是实践的事情，是社会的素质”[⑤]。事实上，在国家实现现代化的进程中，公民的现代文明素养是一项必

---

① 新时代公民道德建设实施纲要 [M]. 北京：人民出版社，2019：4.

② 中共中央文献研究室. 习近平关于社会主义文化建设论述摘编 [M]. 北京：中央文献出版社，2017：110.

③ 新时代公民道德建设实施纲要 [M]. 北京：人民出版社，2019：5.

④ 马克思，恩格斯. 马克思恩格斯文集：第 8 卷 [M]. 北京：人民出版社，2009：29.

⑤ 马克思，恩格斯. 马克思恩格斯全集：第 3 卷 [M]. 2 版. 北京：人民出版社，2002：536.

备条件。这也恰如著名的现代化研究学者阿里克斯·英格尔斯所指出的："那些先进的现代制度要获得成功，取得预期的效果，必须依赖运用它们的人的现代人格、现代品质。无论哪个国家，只有它的人民从心理、态度和行为上，都能与各种现代形式的经济发展同步前进，相互配合，这个国家的现代化才真正能够得以实现。"①这意味着，中国式现代化不仅化"物"，更要化"人"。人民必须涵养与中国式现代化相匹配、相适应的文明素养，摒弃陈风陋俗，弘扬时代新风。

习近平指出："现代化的本质是人的现代化。"②在中国式现代化进程中，人既是实践主体，也是价值主体，更是终极目的。涵养和提高人民文明素养之于中国式现代化既是必备条件，又是必然结果。新时代新征程，要把涵养人民文明素养、提升社会文明水平作为中国式现代化的一项重大任务。坚持以社会主义精神文明涵育人，统筹推动文明培育、文明实践、文明创建，坚持重在建设、以立为本，坚持久久为功、持之以恒，坚持以文化人、以文育人，弘扬真善美、贬斥假恶丑，推动形成"知荣辱、讲正气、作奉献、促和谐"③的社会风尚。要充分发挥开展群众性精神文明创建活动的思想启

① 殷陆君．人的现代化 [M]．成都：四川人民出版社，1985：5-6．

② 中共中央文献研究室．习近平关于社会主义经济建设论述摘编 [M]．北京：中央文献出版社，2017：164．

③ 习近平．习近平谈治国理政：第 1 卷 [M]．2 版．北京：外文出版社，2018：159．

迪、精神感召、知识化育和行为导向的作用，传递科学的思维方式、正确的价值取向、健康的理想人格、高雅的审美情趣、高尚的伦理观念，不断提高人民的科学文化素养、审美人文素养、民主法治素养、身心健康素养、生态文明素养和网络文明素养，不断形塑人民的现代意识，锻造人民的现代品质，养成人民的现代行为，不断增强人民的主体意识、审美意识、开放意识、竞争意识、效率意识、创新意识。当然，也要注重清理传统文化中的封建糟粕，抵制外来文化中的庸俗流毒，防止迷信、愚昧、消极、颓废、反社会、反人道、反科学、反文明的落后文化侵袭和腐蚀人民群众的思想观念。

（四）坚持用中华民族伟大复兴历史使命激励人，激扬人民精神状态

精神状态是人民精神世界的形象风貌。人民的精神状态本质上是人民群众所尊奉的世界观、人生观和价值观的外在呈现，是人民群众所具备的品质、素养和能力的综合展示。习近平强调指出："良好的精神状态，是做好一切工作的重要前提。"[①]无数历史事实和实践充分证明，良好的精神状态至关重要，它就是形象，就是意志，就是力量。非革命不足以成

① 习近平．之江新语[M]．杭州：浙江人民出版社，2007：60.

其事，无精神不足以发其新。从新民主主义革命时期“浴血奋战、百折不挠”，到社会主义革命和建设时期“自力更生、发愤图强”，到改革开放和社会主义现代化建设新时期“解放思想、锐意进取”，再到中国特色社会主义新时代“自信自强、守正创新”，特别是以伟大建党精神为源头的中国共产党人精神谱系，我们看到，中国共产党团结带领中国人民百年奋斗的每一个时期都焕发出一种昂扬向上的精神状态，绘制出一幅震撼人心的精神图景。新时代新征程，以中国式现代化全面推进中华民族伟大复兴，迫切需要凝聚人心、汇聚民力，以激昂的精神状态投身于中华民族伟大复兴的历史伟业。

实现中华民族伟大复兴是近代以来中华民族最伟大的梦想，它把国家的追求、民族的向往、人民的期盼融为一体，是中国人民团结奋斗的最大公约数和最大同心圆。实现中国梦必须弘扬中国精神，激扬精神力量。党的二十大报告多处阐述精神状态，如大会主题中的“自信自强、守正创新，踔厉奋发、勇毅前行”①，再如谈到新时代十年的伟大变革的里程碑意义时指出“中国人民的前进动力更加强大、奋斗精神更加昂扬、必胜信念更加坚定，焕发出更为强烈的历史自觉和主动精神”②。这是对新时代新征程人民精神状态的庄严号召和

---

① 习近平．高举中国特色社会主义伟大旗帜　为全面建设社会主义现代化国家而团结奋斗：在中国共产党第二十次全国代表大会上的报告 [M]．北京：人民出版社，2022：1.

② 习近平．高举中国特色社会主义伟大旗帜　为全面建设社会主义现代化国家而团结奋斗：在中国共产党第二十次全国代表大会上的报告 [M]．北京：人民出版社，2022：15.

殷切期待。“当前，世界之变、时代之变、历史之变正以前所未有的方式展开。”[①] 一方面，实现中华民族伟大复兴进入了不可逆转的历史进程；另一方面，前进道路上需要应对的风险和挑战、需要解决的矛盾和问题比以往更加错综复杂，要求我们必须勇于进行具有许多新的历史特点的伟大斗争，准备付出更为艰苦的努力。“同困难作斗争，是物质的角力，也是精神的对垒。”[②] 要坚持用中华民族伟大复兴历史使命激励人民，教育和引导人民在乱云飞渡中把牢正确方向、在风险挑战面前砥砺胆识，坚定自信，自立自强，增强志气、骨气、底气，激发为实现中华民族伟大复兴而奋斗的信心和动力，发扬历史主动精神、历史创造精神，在新时代新天地中去施展抱负、建功立业。

① 习近平．高举中国特色社会主义伟大旗帜　为全面建设社会主义现代化国家而团结奋斗：在中国共产党第二十次全国代表大会上的报告 [M]．北京：人民出版社，2022：60.

② 习近平．在全国抗击新冠肺炎疫情表彰大会上的讲话 [M]．北京：人民出版社，2020：16.

第五章

建设物质文明和精神文明高度发达的现代化强国

党的二十大报告明确概括了中国式现代化是物质文明和精神文明相协调的现代化，“这既是理论概括，也是实践要求，为全面建成社会主义现代化强国、实现中华民族伟大复兴指明了一条康庄大道”[①]。物质文明与精神文明相互促进、协调发展，是中国式现代化的鲜明特征和必由之路。习近平强调：“实现中国梦，是物质文明和精神文明均衡发展、相互促进的结果。……是物质文明和精神文明比翼双飞的发展过程。”[②]物质文明与精神文明如鸟之两翼、车之双轮，在中华民族伟大复兴的道路上相互支持、相携而行，缺一不可。以中国式现代化全面推进中华民族伟大复兴，必须把物质文明建设和精神文明建设都搞好，

① 习近平在学习贯彻党的二十大精神研讨班开班式上发表重要讲话强调　正确理解和大力推进中国式现代化 [N]. 人民日报，2023-02-08（1）.

② 中共中央文献研究室. 习近平关于社会主义文化建设论述摘编 [M]. 北京：中央文献出版社，2017：4-5.

既要物质财富极大丰富，也要精神财富极大丰富，更要二者协调发展。这就要求我们在推进强国建设、民族复兴的伟大历史进程中，努力建设社会主义经济强国，创造物质文明新形态；努力建设社会主义文化强国，创造精神文明新形态，建设中华民族现代文明，不断铸就中华文化新辉煌。

一、实现民族复兴需要高度的物质文明和精神文明

“当高楼大厦在中国大地上遍地林立时，中华民族精神的大厦也应该巍然耸立。”[①]中华民族有着五千多年源远流长的文明历史，为人类文明进步做出了不可磨灭的贡献。鸦片战争以后，中国逐步沦为半殖民地半封建社会，国家蒙辱、人民蒙难、文明蒙尘，中华民族遭受了前所未有的劫难。从那时起，实现中华民族伟大复兴就成为中国人民和中华民族最伟大的梦想。纵观人类文明发展史，民族振兴、大国崛起，不仅仅是经济实力的强盛，更伴随着文明的繁荣。在资本主义文明仍处于全球主导地位的样态下，要实现中华民族在人类文明发

① 习近平．习近平在亚太经合组织第二十九次领导人非正式会议上的讲话 [M]．北京：人民出版社，2022：6–7．

展史上的再次辉煌，就需要在中华民族五千多年文明历史的大坐标系内，把握中华文明的根基和优势，深刻明晰并大力发挥高度的物质文明和精神文明在民族复兴进程中的重要作用。

（一）中国式现代化是强国建设、民族复兴的康庄大道

举什么旗、走什么路，这是关系国家前途命运的根本问题。每一个国家在实现现代化的进程中，都有选择多样化发展道路的自由和权利，走什么样的现代化道路并非定于一尊的单选题，而是一道没有标准答案的开放题。习近平强调："中国式现代化走得通、行得稳，是强国建设、民族复兴的唯一正确道路。"[①]实践证明，中国式现代化，是中国共产党带领全体人民独立自主探索出的正确道路，既有各国现代化的共同特征，更有基于自己国情的中国特色，具有鲜明的强国逻辑，是全面建成社会主义现代化强国、实现中华民族伟大复兴的一条康庄大道。

中国式现代化，是中华民族在中国革命、建设和改革的实践中实现自立自强的创造性探索。现代化，源于近代以来中华民族在救亡图存中孜孜以求的梦想。鸦片战争后，从洋

① 习近平在学习贯彻党的二十大精神研讨班开班式上发表重要讲话强调　正确理解和大力推进中国式现代化 [N]. 人民日报，2023-02-08（1）.

务运动、戊戌变法到辛亥革命，一次又一次的变革与失败，都饱含着中华民族对现代化的探索，都证明了资本主义现代化道路在中国行不通。中国共产党在时代的选择下，带领中国人民在追求现代化的过程中积极学习有益经验，从曲折中逐渐走出了独立自主的现代化道路：我们曾因在学习借鉴"走俄国人的路"时照搬苏联城市中心的武装斗争道路，遭遇革命挫折；也曾因在"走自己的路"的初步探索中照搬苏联模式使得经济出现问题，历经"以苏为师"到"以苏为鉴"的转变；在进行"四个现代化"的探索，"走中国特色社会主义道路"后，逐渐实现全面建成小康社会，摸索出一条符合中国国情、具有中国特色、真实管用的中国式现代化道路，为中华民族伟大复兴开辟了广阔前景。在新征程上，中国共产党带领中国人民迎难而上、踔厉奋发，围绕"全面建成社会主义现代化强国、实现第二个百年奋斗目标，以中国式现代化全面推进中华民族伟大复兴"的中心任务，继续建构顺应时代、引领时代的中国式现代化道路，创造人类文明新形态。实践证明，中国式现代化道路，"不是简单延续我国历史文化的母版，不是简单套用马克思主义经典作家设想的模板，不是其他国家社会主义实践的再版，也不是国外现代化发展的翻版"①，而是近代以来中华民族实现民族独立、国家富强、

① 中共中央关于党的百年奋斗重大成就和历史经验的决议[M]. 北京：人民出版社，2021：67.

民族振兴的必然结果。

中国式现代化，是中华民族在解决大国历史性课题的实践中实现强国复兴的唯一性选择。习近平指出："中国实现现代化，意味着比现在所有发达国家人口总和还要多的中国人民将进入现代化行列。"[①]其影响将是世界性的。中华民族在强国复兴之路上要解决的问题具有人类历史上前所未有的艰巨性和复杂性，只有中国式现代化是破题之道。从强国复兴的历史坐标来看，作为后发型现代化国家，中国的工业基础薄弱，新中国成立后尤其是改革开放以来，他国现代化进程中的各种"历时性"矛盾问题以"共时性"方式在中国集中呈现出来。而中国共产党带领中国人民在中国式现代化道路上，经历了工业化、城镇化、农业现代化、信息化"并联式"叠加发展的现代化过程，用几十年的时间走过了西方发达国家数百年的发展历程。从实现现代化的整体模式来看，目前全球实现现代化的国家有 20 多个，人口总计 10 亿左右；中国有着 14 亿多人口，是名副其实的人口大国，面临着各领域发展不平衡的突出问题。而中国共产党带领中国人民在以共同富裕为目标的中国式现代化道路上，打赢了脱贫攻坚战，消灭了绝对贫困，创造了人类减贫史上的奇迹，并继续扎实推动全体人民共同富裕的现代化。实践证明，中国式现代化已

---

① 习近平．为建设世界科技强国而奋斗：在全国科技创新大会、两院院士大会、中国科协第九次全国代表大会上的讲话 [M]．北京：人民出版社，2016：19.

经解决并将继续解决大国发展的历史性难题，中国式现代化已经彰显并将继续彰显着中国特色社会主义的强大生命力和巨大优越性，是强国建设、民族复兴的正确选择。

中国式现代化，是中华民族在推进社会主义现代化建设的实践中实现文明重塑的开拓性突破。中国式现代化的道路既不是封闭僵化的老路，更不是改弦易辙的邪路，而是中华文明与社会主义文明的现代性重塑之路。从中华文明的现代性转型来看，中国式现代化在中国共产党团结带领人民实现“两个结合”的过程中形成。这是一条立足中国国情、传承中华优秀传统文化、在吸取他国教训的基础上，独立自主探索出的现代化道路，是中华文明实现重塑的历史性前提。从现代文明的性质来看，不同于西方现代社会以资本为中心的现代化，中国式现代化坚持以人民为中心，以实现人的解放为最终目标，是马克思主义关于现代文明转型构想的中国实践，具有明确的社会主义方向和原则，规避了资本主义现代化进程中两极分化的对抗性矛盾。从社会主义文明发展历程来看，不同于西方对外扩张的现代化，中国式现代化在推进社会主义现代化建设中以“五位一体”总体布局整体性推动社会文明状态全方位转型，以天下和合推动构建人类命运共同体，推动不同民族在现代化进程中的对话与合作，在世界历史进程中确立了超越文明隔阂和文明冲突的新发展观。实践证明，中国式现代化打破了“特殊主义的普遍化”，宣告了“历史终结论”的终结，证明了“社会主义崩溃论”的崩溃，体现了科学社会主义的先进本质，确证了社会主义现代化文明史意义，代表了人类文明进步的发展方向，创造了人类文明新形态。

（二）高度的物质文明是强国建设、民族复兴的基石

物质文明包括人类改造自然界的物质成果以及其他物质成果的总和，包括生产工具改进、生产规模扩大、社会物质财富积累等在内的社会物质生产的进步，包括衣食住行等物质生活水平的提高和物质生活方式变化等在内的物质生活水平的整体改善。物质文明决定精神文明和整个社会文明，它是全部文明的基础，是社会文明发展的根本标志。在中华民族五千多年的文明史中，中华文明历经起起伏伏，曾处于璀璨到领先世界数百年的兴盛地位，也有过陷入战火纷飞的唏嘘历史，而今正位于实现中华民族伟大复兴的历史进程中。纵观中华民族发展史，国家硬实力强弱是决定国运兴衰的物质基础。要实现国家富强、民族振兴、人民幸福的中华民族伟大复兴的中国梦，必须以高度的物质文明为基石。

循史而察，民族的强盛以强大的物质实力为支撑。曾经之辉煌是今日之复兴的逻辑起点。在第一次工业革命前，中

国的经济体量、科技水平长期位居世界前列。例如：在经济上，到乾隆末年，中国经济总量仍占据世界首位，人口占世界总人口的 1/3；在对外贸易上，从黄河沿岸，到海陆“丝绸之路”沿线，再到海上，中国在古代就逐渐形成了万里相达、水陆相通的国际贸易商道，为世界各国所少见；在科技上，中国古代科技总体水平长期处于领先地位，有的成就甚至领先西方 1 000 年，对世界科技的发展做出过巨大贡献。在强大的硬实力支撑下，中华民族在古代具有广泛的影响力，创造了灿烂辉煌的文明，为人类文明进步做出了卓越贡献。但随着第一次工业革命的开始，尤其是 1765 年现代意义上的蒸汽机在英国的发明，人类社会进入工业时代，机器制造业迅猛发展，欧洲开始领跑世界；而中国在强大的封建专制统治下采取了闭关锁国、重农抑商、蔑视科技、加强皇权和禁锢思想等拒绝开放的做法，错过了登上近代化列车的时机，严重制约了彼时中国经济社会的发展。到 1900 年，中国国内生产总值的世界占比仅有 6%，而美国、英国、法国、德国、俄国、意大利、日本这 7 个国家则占了世界经济总量的 80.5%，反映出中国已从世界经济大国衰落为贫穷落后的国家，中国在农业文明的“落日的辉煌”中逐渐落后于人类文明进程，中国的世界地位亦随着物质实力的衰弱而衰弱，成为“沉睡的东方雄狮”。

视今可见，国际竞争是以硬实力为基础的角逐。以军事为表、经济和科技为里的硬实力竞争是国际竞争的重要基础。一些国家的对外吸引力可能来自其不可战胜的神话，而其运用控制力强行建立起来的机制日后也许会顺理成章地存在，强劲的经济实力除了用来实施制裁和对外支付，还能成为吸引力的来源[①]。西方资本主义国家依靠它们工业革命以来几百年积累的先发优势，增强了以硬实力为核心的资本主义文明的能量。它们不仅在经济领域和科技领域形成了霸权，实施贸易保护、技术壁垒、经济胁迫和司法干预，把经济问题政治化、武器化、意识形态化，还利用经济先发优势，建构政治、文化等领域的霸权，实施政治制裁、文化殖民，动摇他国稳定，侵蚀其他文明。在当今这个国际政治和经济格局经历大变革的时代，国家和民族间的冲突和竞争依旧与军事、经济、科技等硬实力因素息息相关。随着中国经济实力取得历史性跃升，中国的国际地位和影响力大幅提升，在积极参与全球治理体系改革和建设、国际和地区热点问题解决、抗击新冠疫情国际合作中，日益走向世界舞台中央。当今中国不再是处于世界体系边缘的旁观者，也不再是国际秩序被动的接受者，而是积极的参与者、建设者、引领者。事实证明，一个在经济、军事方面走上坡路的国家，增强的不仅是自身的硬实力，还提升着自身的国际话语权和吸引力。

① 约瑟夫·奈．软实力 [M]．马娟娟，译．北京：中信出版社，2013：13．

继往开来，强国建设、民族复兴以高度的物质文明为基础。习近平指出："今天，我们比历史上任何时期都更接近、更有信心和能力实现中华民族伟大复兴的目标，同时必须准备付出更为艰巨、更为艰苦的努力。"[①]今日之中国，仍处于发展的重要战略机遇期，具备实现强国梦的各种有利条件和物质基础。从经济发展上看，经过长期努力，我国实现了从民生凋敝到全面小康、从生产力相对落后到经济总量稳居世界第二的实质性跃升、历史性突破，"国家经济实力、科技实力、综合国力跃上新台阶，我国经济迈上更高质量、更有效率、更加公平、更可持续、更为安全的发展之路"[②]，创造了经济快速发展和社会长期稳定的两大奇迹，走出了中国式现代化道路。马克思指出："物质生活的生产方式制约着整个社会生活、政治生活和精神生活的过程。不是人们的意识决定人们的存在，相反，是人们的社会存在决定人们的意识。"[③]新时代新征程，实现强国发展、民族复兴必须坚定不移地继续解放和发展生产力，努力到2035年实现人民生活更为宽裕，中等收入群体比例明显提高，城乡区域发展差距和居民生活水平差距显著缩小，基本公共服务均等化基本实现，全体人民共

① 习近平．在庆祝中国共产党成立100周年大会上的讲话[M]．北京：人民出版社，2021：17．

② 中共中央关于党的百年奋斗重大成就和历史经验的决议[M]．北京：人民出版社，2021：36．

③ 马克思，恩格斯．马克思恩格斯文集：第2卷[M]．北京：人民出版社，2009：591．

同富裕迈出坚实步伐；到21世纪中叶，基本实现全体人民共同富裕，我国人民将享有更加幸福安康的生活，不断将物质文明推到更高水平，为实现中华民族伟大复兴夯基固本。

（三）高度的精神文明是强国建设、民族复兴的标识

文明是民族的标识，没有独特且高度发展的精神文明，就难以对世界各国文明产生影响力、感召力和塑造力，就难以真正在世界民族之林中屹立。习近平指出："文明特别是思想文化是一个国家、一个民族的灵魂。无论哪一个国家、哪一个民族，如果不珍惜自己的思想文化，丢掉了思想文化这个灵魂，这个国家、这个民族是立不起来的。"[①]实现中华民族伟大复兴的历史进程，呼唤着高度的社会主义精神文明来超越资本主义文明，亟待一种人类精神文明新形态出场，为实现中华民族伟大复兴提供身份标识、精神动力和思想指引。

习近平指出："人无精神则不立，国无精神则不强。唯有精神上站得住、站得稳，一个民族才能在历史洪流中屹立不

① 习近平．在纪念孔子诞辰2 565周年国际学术研讨会暨国际儒学联合会第五届会员大会开幕会上的讲话[M]．北京：人民出版社，2014：9.

倒、挺立潮头。”[①]回溯历史，民族强盛以辉煌的精神文明为标识。中华文明展现了中华民族长期奋斗创造的文化精品，承载了中华民族的精神追求，凝结了带有中华民族特质的伟大创造精神、伟大奋斗精神、伟大团结精神、伟大梦想精神，蕴藏了中华文化世代传承的文明基因。在中国五千多年的发展历程中，以中华优秀传统文化为核心的中华文明流传数千年而绵延不绝，为形成和维护中国“多元一统”的政治局面，为推动中国社会发展、促进中国社会利益和社会关系平衡，提供了举足轻重的精神力量。中华优秀传统文化的丰富哲学思想、人文精神、教化思想、道德理念等，可以为人们认识和改造世界提供启迪，可以为治国理政提供启示，也可以为道德建设提供启发。习近平指出：“中华文明历经数千年而绵延不绝、迭遭忧患而经久不衰，这是人类文明的奇迹，也是我们自信的底气。”[②]在世界文化的整体格局中，中华文化曾经在18世纪欧洲工业革命以前居于世界领先地位，并且辐射四邻、泽被远方。古代中国不仅向国外输出丝绸、瓷器等器物，也向国外输出文化观念和文化制度，深刻影响着周边亚洲国家文明的发展，形成了以中国为原点，包括朝鲜、日本、越南等在内的“汉文化圈”或“儒家文化圈”。文化兴则国运兴，文化强则民族强，中华民族之所以在世界历史上有地位、

① 习近平．习近平谈治国理政：第4卷[M]．北京：人民出版社，2022：101．

② 习近平．在文化传承发展座谈会上的讲话[J]．求是，2023（17）：11．

有影响，正是因为中国古代社会不仅有强大的经济与军事实力，更有文化瑰宝、思想精华和优秀的精神品质，创造了彪炳史册的文明成就，形成了独树一帜的文化和意识形态，具有雄阔博大的文化气象，对世界上其他国家产生了极大的吸引力和影响力。

立足当下，国际竞争更是软实力的较量。“软实力”这一概念最初由美国学者约瑟夫·奈提出，他认为国家软实力主要来自三方面：文化（在其能发挥魅力的地方）、政治价值观（无论在国内外都能付诸实践）、外交政策（合法并具有道德权威时）[①]。软实力是对各种软性资源的有机整合，可以通过不受胁迫或贿赂的方式来影响其他国家的行动和选择。当今世界，各国之间的密切合作与激烈竞争并驾齐驱，在国际竞争中过度依赖军事力量可能引发冲突和反弹，过度依赖经济力量可能导致不平衡和不可持续。因此，国家竞争更需要软实力的较量，通过文化、价值观、意识形态等方面的传播和交流，来赢得他国的喜爱、尊重、信任和合作，从而实现国家的利益和目标。习近平强调：“一个国家的文化软实力，从根本上说，取决于其核心价值观的生命力、凝聚力、感召力。”[②]只有拥有更强大、更有魅力的价值观，才能在国际上拥有更多的发言权，才能得到更多的国际认可，才能更好地参与到

---

① 约瑟夫·奈．软实力 [M]．马娟娟，译．北京：中信出版社，2013：15-16.

② 习近平．习近平谈治国理政：第 1 卷 [M]．2 版．北京：外文出版社，2018：163.

国际竞争中。在当前全球化浪潮和信息革命大潮下，世界正历经的百年未有之大变局不只是宏大叙事与国力兴衰层面上的“东升西降”，更是深刻嵌入各个不同领域、深入不同意识形态的较量，是社会主义文明与资本主义文明的较量，必须坚定不移走中国特色社会主义文化发展道路，推动社会主义文化大发展大繁荣，必须增强全民族文化创造活力，不断增强文化整体实力和竞争力，必须建设具有强大凝聚力和引领力的社会主义意识形态，为提升中国国际话语权、构建新型国际关系、推动构建人类命运共同体提供价值支撑。

放眼未来，强国建设、民族复兴呼唤高度的精神文明。古往今来，大国发展、民族振兴，是硬实力提升的过程，更是软实力提升的过程。习近平强调：“一个没有精神力量的民族难以自立自强，一项没有文化支撑的事业难以持续长久。”① 唯有精神文明达到一定高度，这个民族才能岿然屹立于历史洪流中。强国建设、民族复兴呼唤高度的精神文明，而中华民族具备建设高度精神文明的历史积淀和现实可能。中国，作为文化资源大国和文明古国，其璀璨的中华优秀传统文化熔铸成中华民族的人格基底，为建设高度的精神文明提供了独特的文化积淀；作为坚守理想、奋勇拼搏的红色大国，其光荣的革命文化丰富了中华民族的民族气节，为建设高度的

① 中共中央文献研究室．十八大以来重要文献选编：上 [M]．北京：中央文献出版社，2014：280．

精神文明提供了独特的精神支撑；作为独立自主、自力更生的社会主义大国，具有中国特色社会主义性质的社会主义先进文化发展了中华民族的民族智慧，为建设高度的精神文明提供了独特的时代滋养。近年来，随着综合国力提升，中国的大国“势能”逐渐显现，亟须在“两个结合”中发挥好现有的文化滋养，增强中华文化在世界上的传播力、影响力、辐射力；亟须增加对国家历史文化遗产的挖掘与保护，增强文化艺术的创新创造能力，塑造与传播国家文化标志；亟须打造融通中外的新概念新范畴新表达，构建中国自主知识体系；亟须创新国际传播的方式和载体，增强对外话语的创造力、感召力、公信力；亟须建设社会主义文化强国，不断创造人类精神文明新形态，将社会文明、国家文化软实力推向新的高度，使中华民族以更加昂扬的姿态屹立于世界民族之林。

二、建设社会主义经济强国，创造物质文明新形态

人类文明新形态是以更高质量的物质文明为基础的文明形态，没有坚实的物质技术基础，就不可能全面建成社会主义现代化强国，就不可能创造人类文明新形态。以更高质量为

核心的中国式现代化物质文明在改革开放中发生了翻天覆地的变化、取得了惊天动地的历史性成就。在强国建设、民族复兴中，仍需要“不断厚植现代化的物质基础，不断夯实人民幸福生活的物质条件”[①]。在从经济大国迈向经济强国的中国式现代化进程中，创造物质文明新形态为创造人类文明新形态夯实基础。

（一）坚持和完善社会主义基本经济制度

社会主义基本经济制度是中国式现代化经济发展的基础性制度，也是区别于其他国家经济发展路向的鲜明特质。随着三大改造基本完成，社会主义基本经济制度在中国逐步建立并发展。党的十九届四中全会首次把按劳分配为主体、多种分配方式并存和社会主义市场经济体制上升为基本经济制度，党的十九届六中全会将“必须坚持和完善社会主义基本经济制度”作为“十个明确”的内容之一。建设现代化经济强国，创造物质文明新形态，就要不断坚持和完善社会主义基本经济制度，充分发挥市场在资源配置中的决定性作用，更好发挥政府作用，推动有效市场和有为政府更好结合。

① 习近平．高举中国特色社会主义伟大旗帜　为全面建设社会主义现代化国家而团结奋斗：在中国共产党第二十次全国代表大会上的报告 [M]．北京：人民出版社，2022：23.

一是要坚持“两个毫不动摇”，激发各类市场主体活力。“两个毫不动摇”是党的十六大对中国坚持和发展基本经济制度成功经验的高度概括，即必须毫不动摇地巩固和发展公有制经济，必须毫不动摇地鼓励、支持和引导非公有制经济发展。面对新征程上对于中国经济发展体制的质疑，习近平指出：“我们必须亮明态度、决不含糊，始终坚持社会主义市场经济改革方向，坚持‘两个毫不动摇’。”①在强国建设、民族复兴中，坚持“两个毫不动摇”就是要深化国资国企改革，提高国企核心竞争力，不断深化国资国企改革和加快国有经济布局优化和结构调整，推动国有企业完善中国特色现代企业制度，健全以管资本为主的国有资产监管体制；就是要优化民营企业发展环境，促进民营经济发展壮大，不断健全支持民营企业发展的法治环境、政策环境和市场环境，鼓励民营企业改革创新，提升经营能力和管理水平。

二是要完善基本分配制度，促进共同富裕。做好“蛋糕”的同时还要分好“蛋糕”，党的二十大报告指出：“分配制度是促进共同富裕的基础性制度。坚持按劳分配为主体、多种分配方式并存，构建初次分配、再分配、第三次分配协调配套的制度体系。”②在强国建设、民族复兴中，要不断完善初

---

① 习近平. 当前经济工作的几个重大问题 [J]. 求是，2023（4）：7.

② 习近平. 高举中国特色社会主义伟大旗帜　为全面建设社会主义现代化国家而团结奋斗：在中国共产党第二十次全国代表大会上的报告 [M]. 北京：人民出版社，2022：46–47.

次分配制度，提高劳动报酬在初次分配中的比重，健全劳动、资本、土地、知识、技术、管理、数据等生产要素由市场评价贡献、按贡献决定报酬的机制；健全再分配调节机制，规范收入分配秩序，增加低收入者收入，扩大中等收入群体，调节过高收入，逐步形成橄榄型收入分配格局。以更加合理的分配制度调动各方面积极性，实现效率和公平的有机统一；以更加贴合社会主义本质的分配制度，超越资本主义现代化蕴藏着的财富分配不公逻辑，避免贫富差距悬殊、社会两极分化带来种种社会乱象和发展困境。

三是要坚持社会主义市场经济体制，建设高标准市场体系。中国式现代化新道路创造物质文明的最根本优势在于社会主义市场经济体制，它不仅超越了资本主义以资本为中心的单一经济模式，还实现了政府和市场这“两只手”的协同配合，在多重冲击下表现出经济总量大、增长速度快、发展后劲足的强大韧性。中国特色社会主义进入新时代，社会主要矛盾发生变化，经济已由高速增长阶段转向高质量发展阶段。与这些新形势新要求相比，我国市场体系还不健全、市场发育还不充分，政府和市场的关系没有完全理顺，还存在市场激励不足、要素流动不畅、资源配置效率不高、微观经济活力不强等问题。推动高质量发展仍存在不少体制机制障碍，必须进一步解放思想，坚定不移深化市场化改革，扩大高水平开放，不断在经济体制关键性基础性重大改革上突破创新。

（二）构建新发展格局、推动高质量发展

推动经济高质量发展是遵循经济规律发展的必然要求，是确保现代化建设不断满足人民对美好生活需要的根本支撑。党的二十大报告明确把高质量发展作为全面建设社会主义现代化国家的首要任务，并将“加快构建新发展格局，着力推动高质量发展”[①]作为经济发展的着力点。习近平指出，构建新发展格局“是把握发展主动权的先手棋，不是被迫之举和权宜之计”，从根本上说，“是适应我国发展新阶段要求、塑造国际合作和竞争新优势的必然选择”[②]。建设现代化经济强国，创造物质文明新形态，就要加快构建新发展格局，坚持以推动高质量发展为主题，落实高质量发展“四个必须”的明确要求，为强国建设、民族复兴奠定坚实的物质技术基础。

一是要畅通国内大循环，促进国民经济良性循环。大国经济的优势在于内部可循环，“大国经济具有内需为主导的显著特征。内需市场一头连着经济发展，一头连着社会民生，是经济发展的主要依托”[③]。国内大循环是新发展格局的主体，

① 习近平．高举中国特色社会主义伟大旗帜　为全面建设社会主义现代化国家而团结奋斗：在中国共产党第二十次全国代表大会上的报告［M］．北京：人民出版社，2022：28.

② 习近平．论把握新发展阶段、贯彻新发展理念、构建新发展格局［M］．北京：中央文献出版社，2021：10–12.

③ 中共中央国务院印发《扩大内需战略规划纲要（2022—2035 年）》［N］．人民日报，2022–12–15（1）.

对于形成内生发展动能、掌握发展主动权意义重大。“我国有世界最完整的产业体系和潜力最大的内需市场，要切实提升产业链供应链韧性和安全水平，抓紧补短板、锻长板。”[①]进入新发展阶段，我国这一全球最有潜力的消费市场还在不断壮大，国内市场空间更趋广阔，坚决扭住扩大内需这个战略基点，从供需两侧同步发力，“按照生产、分配、流通、消费和投资再生产的全链条拓展内需体系，培育由提高供给质量、优化分配格局、健全流通体系、全面促进消费、拓展投资空间等共同组成的完整内需体系”[②]。“要把增强产业链韧性和竞争力放在更加重要的位置，着力构建自主可控、安全高效的产业链供应链。”[③]“要牢牢守住安全发展这条底线。这是构建新发展格局的重要前提和保障，也是畅通国内大循环的题中应有之义。”[④]要全面深化要素市场化改革，加快推进高水平开放，形成以“国内大循环”撬动“国际大循环”、以“国际大循环”促进“国内大循环”的新发展格局。

二是要促进国内国际双循环，建设开放型经济强国。习近平指出，新发展格局“是开放的国内国际双循环，不是封

① 习近平．当前经济工作的几个重大问题 [J]．求是，2023（4）：5–6.

② 中共中央国务院印发《扩大内需战略规划纲要（2022—2035 年）》[N]．人民日报，2022–12–15（1）.

③ 习近平．论把握新发展阶段、贯彻新发展理念、构建新发展格局 [M]．北京：中央文献出版社，2021：15.

④ 习近平．论把握新发展阶段、贯彻新发展理念、构建新发展格局 [M]．北京：中央文献出版社，2021：16.

闭的国内单循环”[①]。要加强现代流通体系建设，完善硬件和软件、渠道和平台，这是夯实国内国际双循环的重要基础；要加快科技自立自强，这是确保国内大循环畅通、塑造我国在国际大循环中新优势的关键；要推动产业链供应链优化升级，这是稳固国内大循环主体地位、增强在国际大循环中带动能力的迫切需要[②]。党的二十大报告明确指出，坚持推进高水平对外开放，稳步扩大规则、规制、管理、标准等制度型开放。这对新形势下我国深度参与全球产业分工和合作，维护多元稳定的国际经济格局大有裨益。建设更高水平的开放型经济新体制，要不断推动共建“一带一路”，进一步推进各种要素组合有机衔接和循环流转，形成产品服务增加、社会财富积聚、人民福祉增进、国家实力增强的良性国内经济循环。以强大的国内经济循环为支撑，着力推进高水平对外开放，打造国际高端要素资源“引力场”，使国内和国际市场更好联通，以国际循环提升国内大循环效率和水平，实现国内国际双循环互促共进。

党的二十大报告指出：“从现在起，中国共产党的中心任务就是团结带领全国各族人民全面建成社会主义现代化强国、实现第二个百年奋斗目标，以中国式现代化全面推进中华民

① 习近平．论把握新发展阶段、贯彻新发展理念、构建新发展格局［M］．北京：中央文献出版社，2021：12．

② 习近平．论把握新发展阶段、贯彻新发展理念、构建新发展格局［M］．北京：中央文献出版社，2021：14．

族伟大复兴。”[①]要如期完成这一中心任务和宏伟目标，全党仍要继续“牢牢把握社会主义初级阶段这个基本国情，牢牢立足社会主义初级阶段这个最大实际，牢牢坚持党的基本路线这个党和国家的生命线、人民的幸福线”[②]，进而始终抓牢“以经济建设为中心”这个“兴国之要”，始终抓好发展这一党执政兴国的第一要务，把高质量发展作为全面建设社会主义现代化国家的首要任务，集中精力办好自己的事情。

（三）推进创新驱动发展战略塑造新优势

创新是一个国家、一个民族发展的不竭动力和生产力提升的关键要素，在我国现代化建设全局中居于核心地位。习近平强调：“实施创新驱动发展战略，是加快转变经济发展方式、提高我国综合国力和国际竞争力的必然要求和战略举措。”[③]实施创新驱动发展战略决定着中华民族前途命运。坚持创新驱动发展，最根本的是要增强自主创新能力。建设现代

① 习近平．高举中国特色社会主义伟大旗帜 为全面建设社会主义现代化国家而团结奋斗：在中国共产党第二十次全国代表大会上的报告 [M]．北京：人民出版社，2022：21.

② 习近平．决胜全面建成小康社会 夺取新时代中国特色社会主义伟大胜利：在中国共产党第十九次全国代表大会上的报告 [M]．北京：人民出版社，2017：12.

③ 中共中央文献研究室．习近平关于科技创新论述摘编 [M]．北京：中央文献出版社，2016：13.

化经济强国，创造物质文明新形态，必须依靠创新驱动实现内涵型增长。

以创新驱动发展，需要强化国家战略科技力量。世界科技强国之间的竞争主要是国家战略科技力量的竞争。随着新一轮科技革命和产业变革深度演进，以群体突破、跨界融合为特征，各学科、各领域间深度交叉融合、广泛扩散、互相渗透，国与国之间的科技较量已经下沉到由基础研究、共性基础技术、基础科学教育、重大科技基础设施等构成的系统能力的对抗上来。塑造国际竞争“非对称”优势，必须强化国家战略科技力量。“十四五”规划中明确指出，整合优化科技资源配置、加强原创性引领性科技攻关、持之以恒加强基础研究、建设重大科技创新平台。实现高水平科技自立自强，为构建新发展格局、推动高质量发展提供新的成长空间、关键着力点和主要支撑体系。

以创新驱动发展，需要提升企业技术创新能力。“企业是科技和经济紧密结合的重要力量，应该成为技术创新决策、研发投入、科研组织、成果转化的主体。”①习近平强调：“要创造环境，使企业真正成为创新主体。”②在创新链条上，企业、高校、科研院所等不同主体具有不同的功能定位、优势

① 习近平．为建设世界科技强国而奋斗：在全国科技创新大会、两院院士大会、中国科协第九次全国代表大会上的讲话 [M]．北京：人民出版社，2016：15．

② 中共中央文献研究室．习近平关于社会主义经济建设论述摘编 [M]．北京：中央文献出版社，2017：131．

特点，都是不可或缺的科研力量。企业研发动力强、转化效率高、管理运行的机制灵活，从明确的产品需求和定位出发，能够以应用带创新，以创新促应用，不断催生新成果、新业态、新模式。“十四五”规划中明确指出，要激励企业加大研发投入，支持产业共性基础技术研发，完善企业创新服务体系，完善技术创新市场导向机制，强化企业创新主体地位，促进各类创新要素向企业集聚，形成以企业为主体、市场为导向、产学研用深度融合的技术创新体系。

以创新驱动发展，需要激发人才创新活力。习近平指出：“硬实力，软实力，归根到底要靠人才实力。”[①] 人是创新中最为活跃、最为关键的因素，提升我国创新能力的根本依托，就是培养造就一大批具有国际水平的战略科技人才、科技领军人才、青年科技人才和高水平创新团队。面对我国人才结构不平衡、顶尖人才不足等问题，完善适应人才成长规律的制度安排，完善人才培养、引进、使用和激励机制是激发人才创新活力和提升创新能力的必然要求。“十四五”规划中明确指出，要培养造就高水平人才队伍，激励人才更好发挥作用，优化创新创业创造生态，贯彻尊重劳动、尊重知识、尊重人才、尊重创造方针，深化人才发展体制机制改革，全方位培养、引进、用好人才，充分发挥人才第一资源的作用，

① 习近平．在中国科学院第十九次院士大会、中国工程院第十四次院士大会上的讲话[M]．北京：人民出版社，2018：18．

让各层次人才能够人尽其才、才尽其用、为国效力。

以创新驱动发展，需要完善科技创新体制机制。科技创新体制机制，是社会主义制度体系的组成部分，能够体现集中力量办大事的优越性。习近平强调："实施创新驱动发展战略，最根本的是要增强自主创新能力，最紧迫的是要破除体制机制障碍，最大限度解放和激发科技作为第一生产力所蕴藏的巨大潜能。"①在科技创新进程中，需要坚决扫除影响科技创新能力提高的体制障碍，有力打通科技和经济转移转化的通道，优化科技政策供给，完善科技评价体系，鼓励支持原创性、引领性科技攻关，把科技发展主动权牢牢掌握在自己手里。"十四五"规划中明确指出，要深化科技管理体制改革、健全知识产权保护运用体制、积极促进科技开放合作，深入推进科技体制改革，完善国家科技治理体系，优化国家科技计划体系和运行机制，推动重点领域项目、基地、人才、资金一体化配置。

---

① 习近平．在中国科学院第十七次院士大会、中国工程院第十二次院士大会上的讲话[M]．北京：人民出版社，2014：8．

三、建设社会主义文化强国，创造精神文明新形态

越是物质充裕，越需要精神昂扬。中国式现代化注重物质文明的积累，更致力于精神文明的升华。习近平强调："中国式现代化是物质文明和精神文明相协调的现代化，要弘扬中华优秀传统文化，用好红色文化，发展社会主义先进文化，丰富人民精神文化生活。"[①]高度的精神文明意味着要建设社会主义文化强国，创造精神文明新形态，而创造精神文明新形态的根本在于发展中国特色社会主义文化。当前中国正处于推进社会主义文化强国建设、创造光耀世界的中华文化的关键时期，必须坚持习近平文化思想，"围绕在新的历史起点上继续推动文化繁荣、建设文化强国、建设中华民族现代文明这一新的文化使命"[②]，把文化建设放在全局工作的突出位置，

① 习近平在辽宁考察时强调 在新时代东北振兴上展现更大担当和作为 奋力开创辽宁振兴发展新局面 [N]. 人民日报海外版，2022-08-19（1）.

② 习近平对宣传思想文化工作作出重要指示强调 坚定文化自信秉持开放包容坚持守正创新 为全面建设社会主义现代化国家 提供坚强思想保证强大精神力量有利文化条件 [N]. 人民日报，2023-10-09（1）.

更加自觉地用文化引领风尚、教育人民、服务社会、推动发展；必须坚持马克思主义在意识形态领域的指导地位，坚定文化自信，坚持以社会主义核心价值观引领文化建设，围绕举旗帜、聚民心、育新人、兴文化、展形象的使命任务，促进满足人民文化需求和增强人民精神力量相统一，推进社会主义文化强国建设。

（一）壮大主流思想舆论，建设文化内容强国

文化是影响和解释人类生活方式的知识、制度和观念的复合体，其中最为核心的是包含思想、信仰、道德观、价值观和审美观等在内的观念上层建筑，也即意识形态。文化是意识形态的载体，意识形态是文化的内核。文以载道、文以化人，人在精神方面也是意识形态的产物。“意识形态创造人，制约人，为人的全部思想设定了不可逾越的界限”，同时，“人又以自己的方式创造新的意识形态，扬弃并超越传统的意识形态”[①]。可以说，意识形态直接影响着文化的前进方向和发展道路，也深刻影响着人民精神世界的思想境界和价值导向。建设社会主义文化强国，丰富人民精神世界，首要的是举旗

① 俞吾金．意识形态论[M]．修订版．北京：人民出版社，2009：347．

定向，“巩固马克思主义在意识形态领域的指导地位，巩固全党全国人民团结奋斗的共同思想基础”[①]。中国共产党百余年来推进文化建设，始终高举马克思主义、中国化时代化马克思主义的旗帜，把握正确的舆论导向，壮大主流的思想舆论，引领人民的精神发展。新时代新征程，我们要从为国家立心、为民族立魂的战略高度来把握文化强国建设的重要性和必要性，不断增强马克思主义理论、社会主义意识形态的凝聚力和引领力。特别是近年来，“随着新媒体快速发展，国际国内、线上线下、虚拟现实、体制外体制内等界限愈益模糊，构成了越来越复杂的大舆论场，更具有自发性、突发性、公开性、多元性、冲突性、匿名性、无界性、难控性等特点”[②]。新形势新任务迫切要求我们建设文化思想强国，唱响主旋律，壮大正能量，更好强信心、聚民心、暖人心、筑同心，为人民奠定科学的思想基础，厚植鲜亮的精神底色，使主流思想舆论成为人民精神成长的“推进器”、思想共识的“黏合剂”、道德养成的“风向标”。

---

① 中共中央文献研究室．习近平关于社会主义文化建设论述摘编 [M]．北京：中央文献出版社，2017：22.

② 中共中央文献研究室．习近平关于全面建成小康社会论述摘编 [M]．北京：中央文献出版社，2016：125.

（二）传承优秀传统文化，建设文化资源强国

在现代化的过程中，始终存在着“传统”与“现代”之争。习近平强调：“在五千多年中华文明深厚基础上开辟和发展中国特色社会主义，把马克思主义基本原理同中国具体实际、同中华优秀传统文化相结合是必由之路。”[①]对于中国现代化而言，文化传统与现代文明是互相定位、互利共存的。中华优秀传统文化、革命文化不是中国式现代化的累赘，恰恰“传统应该被当作是有价值生活的必要构成部分”[②]。众所周知，“中华文明源远流长、博大精深，是中华民族独特的精神标识，是当代中国文化的根基，是维系全世界华人的精神纽带，也是中国文化创新的宝藏”[③]。“中国人民的理想和奋斗，中国人民的价值观和精神世界，是始终深深植根于中国优秀传统文化沃土之中的，同时又是随着历史和时代前进而不断与日俱新、与时俱进的。”[④]习近平指出：“‘第二个结合’让马克思主义成为中国的，中华优秀传统文化成为现代的，让经

---

① 习近平．在文化传承发展座谈会上的讲话 [J]．求是，2023（17）：6.

② 爱德华·希尔斯．论传统 [M]．傅铿，吕乐，译．上海：上海人民出版社，2009：355.

③ 习近平．把中国文明历史研究引向深入　增强历史自觉坚定文化自信 [J]．求是，2022（14）：4.

④ 习近平．在纪念孔子诞辰 2 565 周年国际学术研讨会暨国际儒学联合会第五届会员大会开幕会上的讲话 [M]．北京：人民出版社，2014：13.

由‘结合’而形成的新文化成为中国式现代化的文化形态。”[①]作为中华优秀传统文化传承者和弘扬者的中国共产党，百余年来不仅用马克思主义真理的力量激活了中华文明，使其迸发出强大的精神力量，而且把马克思主义思想精髓和中华优秀传统文化精华融会贯通，团结带领中国人民在伟大斗争中孕育创造了激昂向上的革命文化。中华优秀传统文化和革命文化是建设社会主义文化强国的资源宝库，是丰富人民精神世界的精神财富。“马克思主义和中华优秀传统文化来源不同，但彼此存在高度的契合性。”[②]新时代新征程，建设社会主义文化强国、丰富人民精神世界，要坚持创造性转化、创新性发展，不断继承优秀文化基因、抛弃过时文化要素、增加新鲜文化内容，建设以优秀传统文化和红色文化为主的文化资源强国；特别是要加大文物和文化遗产的保护力度，因为“文物和文化遗产承载着中华民族的基因和血脉，是不可再生、不可替代的中华优秀文明资源”[③]。“‘第二个结合’让中国特色社会主义道路有了更加宏阔深远的历史纵深，拓展了中国特色社会主义道路的文化根基。”[④]要通过挖掘和阐释历史文物、文化遗产、红色资源的时代价值，更好打造文化标识，赓续

① 习近平．在文化传承发展座谈会上的讲话 [J]．求是，2023（17）：8.

② 习近平．在文化传承发展座谈会上的讲话 [J]．求是，2023（17）：7.

③ 习近平．把中国文明历史研究引向深入 增强历史自觉坚定文化自信 [J]．求是，2022（14）：8.

④ 习近平．在文化传承发展座谈会上的讲话 [J]．求是，2023（17）：9.

中华文脉，弘扬民族精神，传承红色基因，使人民在厚重的文化资源中涵养丰沛的精神源泉、汲取丰润的精神滋养、构筑丰盈的精神家园。

（三）繁荣文化事业产业，建设文化创新强国

文化贵在创新创造。文化的生命力在于创新创造，文化的独有魅力也源于创新创造。每一个民族和国家的文化只有发时代之先声、开社会之先风、启智慧之先河，并成为时代变迁和社会变革的先导，才能生生不息、代代相传。同时，只有顺时应势、推陈出新地推进文化创新创造，文化才能服务于经济社会发展、满足人民群众日益增长的精神文化需求。中华文化不是僵死的传统，而是日新又日新的有机生命体；人民精神世界也不能是一潭死水，而应是充满生机和活力的一渠活水。党的二十大报告指出，建设社会主义文化强国，要“发展面向现代化、面向世界、面向未来的，民族的科学的大众的社会主义文化，激发全民族文化创新创造活力”[①]。铸就社会主义文化新辉煌，归根到底要靠创新创造。没有文化创新创造，就没有中华文化的现代化，就没有社会主义文

① 习近平．高举中国特色社会主义伟大旗帜　为全面建设社会主义现代化国家而团结奋斗：在中国共产党第二十次全国代表大会上的报告 [M]．北京：人民出版社，2022：43．

化强国，也就没有丰富多彩的人民精神世界。当前的文化发展中存在的问题也主要是由创新创造能力和活力不足导致的，诸如文化产业结构相对单一、文化文艺作品创意有限，文化服务方式略显滞后、表层的文化模仿和文化复制成为文化发展中的普遍现象，缺乏原创力、感召力和引领力成为制约文化大发展大繁荣的瓶颈。新时代新征程，推动文化创新创造，要以推动文化高质量发展为主题，以深化文化领域供给侧结构性改革为主线，以文化改革创新为根本动力，以满足人民日益增长的精神文化生活需要为根本目的，坚持稳中求进、守正创新，繁荣发展文化事业产业，努力创作优秀文艺文化作品，健全现代文化产业体系和文化市场体系，全面深化文化领域体制机制改革，激发人民由表及里、形神兼备的文化创新创造，建设社会主义文化创新强国。

（四）海纳世界文化精华，建设文化魅力强国

习近平指出："开放包容始终是文明发展的活力来源，也是文化自信的显著标志。"[①]世界文化缤纷多彩，海纳百川，有容乃大，只有姹紫嫣红之别，绝无高低优劣之分，每一种文

---

① 习近平．在文化传承发展座谈会上的讲话 [J]．求是，2023（17）：11．

化都有其特色和精华，每个民族、每一国家的文化都应该得到尊重和认可。“各国各民族都应该虚心学习、积极借鉴别国别民族思想文化的长处和精华，这是增强本国本民族思想文化自尊、自信、自立的重要条件。”[①]文化因交流而多彩，文明因互鉴而丰富。习近平鲜明指出：“中华文明自古就以开放包容闻名于世，在同其他文明的交流互鉴中不断焕发新的生命力。中华文明五千多年发展史充分说明，无论是物种、技术，还是资源、人群，甚至于思想、文化，都是在不断传播、交流、互动中得以发展、得以进步的。”[②]“经过长期努力，我们比以往任何一个时代都更有条件破解‘古今中西之争’，也比以往任何一个时代都更迫切需要一批熔铸古今、汇通中西的文化成果。”[③]新时代新征程，坚持文明交流交融，坚持文化互惠互利，扩展国际文化交流，采集世界文化精华，海纳世界文化精华，涵化世界先进文化，丰富中华文化内涵，酿造中国文化精品，提升中华文化魅力，无疑是建设社会主义文化强国、丰富人民精神世界的一条合理路径。我们要“尊重世界文明多样性，以文明交流超越文明隔阂、文明互鉴超越文

---

① 习近平．在纪念孔子诞辰 2 565 周年国际学术研讨会暨国际儒学联合会第五届会员大会开幕会上的讲话 [M]．北京：人民出版社，2014：9．

② 习近平．把中国文明历史研究引向深入　增强历史自觉坚定文化自信 [J]．求是，2022（14）：7．

③ 习近平．在文化传承发展座谈会上的讲话 [J]．求是，2023（17）：11．

明冲突、文明共存超越文明优越”①，深化文明交流互鉴，破解“文明冲突论”，积极推动人类创造的各种文明交相辉映、相互尊重、和谐共处。习近平指出：“对历史最好的继承就是创造新的历史，对人类文明最大的礼敬就是创造人类文明新形态。”②坚定中华文化立场和文化自信，使人类创造的一切文明中的优秀文化基因与当代中国文化相适应、与中国式现代化相协调、与人民群众精神文化需求相吻合，坚持取长补短、择善而从，讲求兼收并蓄、去粗取精，把跨越时空、超越国度、富有永恒魅力、具有当代价值的优秀文化精神注入到新时代的中华文明中、融汇到人民的精神生活中，用精深的文化思想、精湛的文化作品、精良的文化交流提升人民精神世界的品格品位。

---

① 习近平．高举中国特色社会主义伟大旗帜　为全面建设社会主义现代化国家而团结奋斗：在中国共产党第二十次全国代表大会上的报告 [M]．北京：人民出版社，2022：63．

② 习近平．在文化传承发展座谈会上的讲话 [J]．求是，2023（17）：11．

参考文献

[1] 艾伯特 · 马蒂内利．全球现代化：重思现代性事业 [M]．李国武，译．北京：商务印书馆，2010．

[2] 艾尔 · 巴比．社会研究方法基础 [M]．邱泽奇，译．北京：华夏出版社，2002．

[3] 贝迪阿 · 纳思 · 瓦尔马．现代化问题探索 [M]．周忠德，严矩新，编译．上海：知识出版社，1983．

[4] 戴维 · N．韦尔．经济增长：第二版 [M]．王劲峰，张燕，李玲，等译．北京：中国人民大学出版社，2011．

[5] 邓小平．邓小平文选：第 1 卷 [M]．2 版．北京：人民出版社，1994．

[6] 邓小平．邓小平文选：第 2 卷 [M]．2 版．北京：人民出版社，1994．

[7] 邓小平．邓小平文选：第 3 卷 [M]．北京：人民出版社，1993．

[8] 董正华．世界现代化进程十五讲 [M]．北京：北京大学出版社，2009．

[9] 董正华．世界现代化历程：东亚卷 [M]．南京：江苏人民出版社，2012．

[10] 费尔南 · 布罗代尔．十五至十八世纪的物质文明、经济和资本主义（1—3 卷）[M]．顾良，施康强，译．北京：生活 · 读书 · 新知三联书店，2002．

[11] 费尔南 · 布罗代尔．文明史纲 [M]．肖昶，冯棠，张文英，等译．桂林：广西师范大学出版社，2003．

[12] 费尔南 · 布罗代尔．资本主义论丛 [M]．顾良，张慧君，译．北京：中央编译出版社，1997．

[13] 丰子义．现代化的理论基础：马克思现代社会发展理论研究 [M]．北京：北京大学出版社，1995．

[14] 何传启．中国现代化报告 2011：现代化科学概论 [M]．北京：北京大学出版社，2011．
[15] 胡锦涛．胡锦涛文选：第 2 卷 [M]．北京：人民出版社，2016．
[16] 吉尔伯特 · 罗兹曼．中国的现代化 [M]．国家社会科学基金“比较现代化”课题组，译．南京：江苏人民出版社，2010．
[17] 江泽民．江泽民文选：第 1 卷 [M]．北京：人民出版社，2006．
[18] 江泽民．江泽民文选：第 3 卷 [M]．北京：人民出版社，2006．
[19] 列宁．列宁全集：第 23 卷 [M]．2 版增订版．北京：人民出版社，2012．
[20] 列宁．列宁全集：第 31 卷 [M]．2 版增订版．北京：人民出版社，2012．
[21] 列宁．列宁全集：第 34 卷 [M]．2 版增订版．北京：人民出版社，2012．
[22] 列宁．列宁全集：第 38 卷 [M]．2 版增订版．北京：人民出版社，2012．
[23] 列宁．列宁全集：第 39 卷 [M]．2 版增订版．北京：人民出版社，2012．
[24] 列宁．列宁选集：第 3 卷 [M]．3 版修订版．北京：人民出版社，2012．
[25] 罗荣渠．从“西化”到现代化：五四以来有关中国的文化趋向和发展道路论争文选 [M]．北京：北京大学出版社，1990．
[26] 罗荣渠．现代化新论：世界与中国的现代化进程 [M]．北京：商务印书馆，2009．
[27] 罗荣渠．现代化新论续篇：东亚与中国的现代化进程 [M]．北京：北京大学出版社，1997．
[28] 马克思，恩格斯．马克思恩格斯文集：第 1 卷 [M]．北京：人民出版社，2009．
[29] 马克思，恩格斯．马克思恩格斯文集：第 2 卷 [M]．北京：人民出版社，2009．
[30] 马克思，恩格斯．马克思恩格斯文集：第 3 卷 [M]．北京：人民出版社，2009．
[31] 马克思，恩格斯．马克思恩格斯文集：第 4 卷 [M]．北京：人民出版社，2009．

[32] 马克思，恩格斯．马克思恩格斯文集：第 5 卷 [M]．北京：人民出版社，2009.

[33] 马克思，恩格斯．马克思恩格斯文集：第 8 卷 [M]．北京：人民出版社，2009.

[34] 马克思，恩格斯．马克思恩格斯文集：第 9 卷 [M]．北京：人民出版社，2009.

[35] 马克思，恩格斯．马克思恩格斯文集：第 10 卷 [M]．北京：人民出版社，2009.

[36] 毛泽东．毛泽东文集：第 2 卷 [M]．北京：人民出版社，1993.

[37] 毛泽东．毛泽东文集：第 5 卷 [M]．北京：人民出版社，1996.

[38] 毛泽东．毛泽东文集：第 6 卷 [M]．北京：人民出版社，1999.

[39] 毛泽东．毛泽东文集：第 7 卷 [M]．北京：人民出版社，1999.

[40] 毛泽东．毛泽东选集：第 1 卷 [M]．2 版．北京：人民出版社，1991.

[41] 毛泽东．毛泽东选集：第 2 卷 [M]．2 版．北京：人民出版社，1991.

[42] 毛泽东．毛泽东选集：第 3 卷 [M]．2 版．北京：人民出版社，1991.

[43] 毛泽东．毛泽东选集：第 4 卷 [M]．2 版．北京：人民出版社，1991.

[44] 钱乘旦，刘金源．寰球透视：现代化的迷途 [M]．杭州：浙江人民出版社，1999.

[45] 钱乘旦．世界现代化历程：总论卷 [M]．南京：江苏人民出版社，2012.

[46] 秦宣．中国特色社会主义史：上册 [M]．北京：高等教育出版社，2009.

[47] 秦宣．中国特色社会主义史：下册 [M]．北京：高等教育出版社，2009.

[48] 塞缪尔 · 亨廷顿，等．现代化：理论与历史经验的再探讨 [M]．上海：上海译文出版社，1993.

[49] 沃尔夫冈 · 查普夫．现代化与社会转型（第二版）[M]．陈黎，陆成宏，译．北京：社会科学文献出版社，2000.

[50] 西里尔 · E. 布莱克．比较现代化 [M]．杨豫，陈祖洲，译．上海：上海译文出版社，1996.

[51] 习近平．高举中国特色社会主义伟大旗帜 为全面建设社会主义现代化国家而团结奋斗：在中国共产党第二十次全国代表大会上的报告 [M]．北京：人民出版社，2022.
[52] 习近平．论把握新发展阶段、贯彻新发展理念、构建新发展格局 [M]．北京：中央文献出版社，2021.
[53] 习近平．习近平谈治国理政：第 1 卷 [M]．2 版．北京：外文出版社，2018.
[54] 习近平．习近平谈治国理政：第 2 卷 [M]．北京：外文出版社，2017.
[55] 习近平．习近平谈治国理政：第 3 卷 [M]．北京：外文出版社，2020.
[56] 习近平．习近平谈治国理政：第 4 卷 [M]．北京：外文出版社，2022.
[57] 中共中央党史和文献研究院．习近平关于社会主义精神文明建设论述摘编 [M]．北京：中央文献出版社，2022.
[58] 中共中央文献研究室．习近平关于科技创新论述摘编 [M]．北京：中央文献出版社，2016.
[59] 中共中央文献研究室．习近平关于全面建成小康社会论述摘编 [M]．北京：中央文献出版社，2016.
[60] 中共中央文献研究室．习近平关于社会主义经济建设论述摘编 [M]．北京：中央文献出版社，2017.
[61] 中共中央文献研究室．习近平关于社会主义社会建设论述摘编 [M]．北京：中央文献出版社，2017.
[62] 中共中央文献研究室．习近平关于社会主义文化建设论述摘编 [M]．北京：中央文献出版社，2017.
[63] C．E．布莱克．现代化的动力：一个比较史的研究 [M]．景跃进，张静，译．杭州：浙江人民出版社，1989.
[64] S．N．艾森斯塔德．现代化：抗拒与变迁 [M]．张旅平，沈原，陈育国，等译．北京：中国人民大学出版社，1988.

后　记

中国式现代化是当前和今后一段时期学术研究的热点。笔者是从 2011 年开始研究现代化问题的，2014 年完成了题为《社会主义条件下人的现代化研究》的博士学位论文，并于 2019 年在中国人民大学出版社出版。回首十多年的理论研习，感悟十余载的时代变迁，深刻认识到：现代化是一个亟待深入研究的宏大命题，中国式现代化是一条实现民族复兴的康庄大道。

党的二十大概括提出并深入阐述中国式现代化理论，其中特别提出了“中国式现代化是物质文明和精神文明相协调的现代化”，这一论断意蕴深邃，既是对西方资本主义现代化的摒弃和超越，又是对中国式现代化社会主义性质的坚守和高扬，更是对人类文明新形态的框定和构建。我们非常荣幸受到中国人民大学习近平新时代中国特色社会主义思想研究院的邀请，开展对这一重大理论课题的探索性研究。

本书写作中，中国人民大学习近平新时代中国特色社会主义思想研究院的秦宣教授、陶文昭教授、侯新立研究员、王衡副教授给予了指导，笔者的研究生刘志铭、刘睿基、李欣明、梁志兵、何超仪参与了资料整理和初稿编写，在此一并致以深深的谢意。书中若有不当之处，恳请广大读者不吝指正。

张智

于中国人民大学人文楼

图书在版编目（CIP）数据

物质文明和精神文明相协调的中国式现代化 / 张智编著 . -- 北京：中国人民大学出版社，2024.1
（中国式现代化的鲜明特色研究系列 / 张东刚，林尚立总主编）
ISBN 978-7-300-31879-0

Ⅰ. ①物…　Ⅱ. ①张…　Ⅲ. ①物质文明－建设－研究－中国 ②社会主义精神文明建设－研究－中国 ③现代化建设－研究－中国　Ⅳ. ① F124.7 ② D648 ③ D61

中国国家版本馆 CIP 数据核字（2023）第 125382 号

中国式现代化的鲜明特色研究系列
总主编　张东刚　林尚立
物质文明和精神文明相协调的中国式现代化
张智　编著
Wuzhi Wenming he Jingshen Wenming xiang Xietiao de Zhongguoshi Xiandaihua

出版发行	中国人民大学出版社		
社　　址	北京中关村大街 31 号	**邮政编码**	100080
电　　话	010-62511242（总编室）		010-62511770（质管部）
	010-82501766（邮购部）		010-62514148（门市部）
	010-62515195（发行公司）		010-62515275（盗版举报）
网　　址	http://www.crup.com.cn		
经　　销	新华书店		
印　　刷	唐山玺诚印务有限公司		
开　　本	890 mm × 1240 mm　1/32	**版　　次**	2024 年 1 月第 1 版
印　　张	7.5　插页 2	**印　　次**	2025 年 7 月第 5 次印刷
字　　数	133 000	**定　　价**	35.00 元

版权所有　侵权必究　　印装差错　负责调换